비트겐슈타인,
두 번 숨다

탐 철학 소설 19

비트겐슈타인, 두 번 숨다

초판 1쇄	2015년 3월 27일
초판 3쇄	2021년 9월 17일

지은이	황희숙

책임편집	윤정현
마케팅	강백산, 강지연
디자인	땡스북스 스튜디오, 유민경
표지 일러스트	박근용

펴낸이	이재일
펴낸곳	토토북

주소 04034 서울시 마포구 양화로11길 18 3층 (서교동, 원오빌딩)
전화 02-332-6255 | 팩스 02-332-6286
홈페이지 www.totobook.com | 전자우편 totobooks@hanmail.net
출판등록 2002년 5월 30일 제10-2394호
ISBN 978-89-6496-249-7 44100
ISBN 978-89-6496-136-0 44100 (세트)

● 이 책의 사용 연령은 14세 이상입니다.
● 탐은 토토북의 청소년 출판 전문 브랜드입니다.

비트겐슈타인,
두 번 숨다

황희숙
지음

19
탐
철학
소설

탐

차례

비트겐슈타인이라는 이름을 내가 처음 들은 것은 대학교 2학년 때였다. 그의 제자인 노먼 맬컴(Norman Malcolm, 1911~1990)이 쓴《비트겐슈타인의 추억(Ludwig Wittgenstein: A Memoir)》을 읽고 나는 그 신비한 철학자에 매료되어 버렸다. 맬컴이 회고한 그 사람의 깊은 비관주의, 정신적 고통의 강도, 자신의 지성을 몰아대는 무자비한 방식이 충격적이었다. 그로부터 수십 년의 시간이 지났고 이제 비트겐슈타인의 저서 대부분은 우리말로 번역되어 있다. 최근에는 그가 좋아한 노버트 데이비스라는, 우리에겐 거의 알려지지 않았던 추리 작가의 소설도 번역되어 나왔기에 반가울 따름이다.

이 소설의 원고는 약 6년 전 탈고한 후 묵혀 두었던 것이다. 이 수수께끼 같은 철학자의 난해한 철학을, 그것도 큰 폭으로 변화를 겪어 온 사상을 어떻게 쉽게 풀어 소개할 수 있을지 계속 의심하고 망설였기 때문이다. 원고를 다시 손보는 도중에도 여러 차례 좌절감을 느꼈다. 어쨌든 예전에 살았던 사람의 사상을 소개하기 위해 타임머

신이나 꿈이라는 장치를 이용하고 싶지는 않았다. 청소년의 현실과 고민과 생생하게 연결하고 싶은 마음에 나는 두 명의 청춘, 다른 시대에 사는 지효와 상우를 가공해냈다. 두 사람의 시각, 프레임이 교차해 등장하면서 독자들은 두 인물이 앞서거니 뒤서거니 하면서 비트겐슈타인을 나름대로 해석하고 그의 사상을 소화해 가며 자신의 불안정한 삶에 연결하는 것을 눈치챌 수 있을 것이다.

가공의 인물들이 몇 명 등장하지만, 비트겐슈타인을 둘러싼 상황과 그의 고뇌를 살리기 위해 역사적 사실과 인물들은 그대로 두었다. 그의 사상을 이해하기 위해서는 그의 삶의 여정을 추적하는 것이 가장 효과적이라고 믿는다. 독자들이 부록의 연표를 대조해 본다면, 이 소설이 얼마나 허구이면서도 허구가 아닌지, 얼마나 실제 사실들에 가까운지 확인해 보는 즐거움을 누릴 수 있을 것이다. 온갖 시점의 자료들을 확인하면서, 가장 깊이 있고 정확하다고 알려진 레이 몽크(Ray Monk, 1957~)의 《비트겐슈타인 평전(Ludwig Wittgenstein:

The Duty of Genius)》을 참조했음을 밝혀 둔다.

수수께끼를 풀며 미로를 더듬어 가는 청춘의 모습을 그리며 나는 존경하는 몇 사람의 이름과 그들의 표현을 빌렸음을 기쁜 마음으로 밝힌다. 반 다인(Van Dine)이라는 등장인물의 이름은 내가 젊은 시절 무척 좋아한 추리 작가의 필명이다. 나의 소설도 추리의 기법을 활용하고 있고, 나의 인물은 반 다인이 그린 현학적인 탐정의 모습을 닮고 있어서, 추억과 애정이 어린 그 이름을 장난스럽게 사용해 보았다. 아치볼드 크로닌이 쓴 《천국의 열쇠》 차례에는 '끝의 시작'과 '시작의 끝'이 있는데, 나도 그 표현을 내 소설의 차례 맨 앞과 뒤에 사용했다. 대학 1학년 때 읽은 프랜시스 치점 신부의 이야기를 잊은 적이 없었기 때문에 이것은 오롯이 내 존경의 표시다.

《비트겐슈타인, 두 번 숨다》라는 제목이 엉뚱하게 들릴 수 있을 것이다. 비트겐슈타인은 그가 자신에 대해 요구한 엄격함, 지적 성실성, 정직함을 빼놓고는 말할 수 없는 사람이다. 그는 철학을 하며 깊이 고뇌했고, 이를 풀기 위해 고독한 곳을 찾아 스며들었음을 말하고 싶었다. 사실 비트겐슈타인이 은신한 것은 두 번이 아니라, 1913년의 노르웨이행을 포함하면 세 번이고, 말년에 아일랜드에 은둔했던 것을 포함하면 네 번이라고 할 수도 있다. 하지만, 우리 주인공의 등장에 때맞추어 극적으로 표현하기 위해 중간의 은신 두 번만을 부각했다. 이 제목이 이언 플레밍 원작의 007시리즈 다섯 번째 영화였던 〈007 두 번 죽는다〉를 연상시킨다면 그것 또한 작가로서 의도한 일이기에 기뻐할 뿐이다.

비트겐슈타인은 이 소설을 쓴 내가 스무 살 청춘일 때 정말로 낯선 인물이었다. 하지만 지금은 그의 이름이 널리 알려져 철학을 공부하지 않는 일반인 중에서도 비트겐슈타인 마니아가 생겨난 듯하다. 어쨌든 그는 20세기를 대표하는 철학자다. 21세기 직전인 1999년 〈타임스〉는 여러 분야에서 20세기에 가장 영향력 있는 100인을 선정했다. 비트겐슈타인은 철학자로서는 유일하게 그 리스트에 오른 사람이다. 하지만 그의 경구 같고 신비한 표현들은 멋대로 토막 난 채 인용되고 크게 오해되는 일이 빈번하다. 그런 남용을 이 작은 소설이 막을 수야 없겠지만, 이 땅의 흔들리는 청춘들이 그의 진실한 모습에 다가가는 데 조금이라도 도움이 된다면 기쁘겠다.

1

용감한 청춘,
흔들리는 청춘

끝의 시작

춘천으로 가는 자동차 전용 도로는 설날 내린 폭설로 모든 색깔이 사라져 버렸다. 온통 흰 눈 그리고 어둡고 칙칙한 색채뿐. 마치 흑백 영화의 한 장면 같았다. 차들은 제한 속도인 시속 90킬로미터보다 훨씬 느리게 달렸다. 차바퀴에 눌려 눈이 녹아내리는 도로 바닥은 검정 타이어보다 더 시꺼멨다. 도로를 내느라 뭉텅 잘린 양쪽의 둥근 동산이 오늘은 흰 눈으로 하얗게 덮였다. 하지만 눈이 녹고 나면 남은 것은 겨우내 누런 수풀뿐일 것이다.

엄마는 이 볼품없는 누런 구릉을 좋아한다. 내가 초등학교 때 우리 가족이 2년 동안 살던 캘리포니아의 황량한 들판과 누런 덤불을 연상케 했기 때문이다. 엄마는 비가 오는 겨울에만 생생하게 녹색으로 살아나는 그곳 산과 구불구불 악마처럼 굽은 검은 가지로 뒤엉킨 커다란 떡갈나무도 그리워한다. 이 길을 지날 때면, "어머 상우야,

저거 봐라. 정말 비슷하지 않니?"라며 새로운 발견이라도 한 듯 감탄하고는 계속 차창을 보며 좋아했다. 그런데 바로 그 길로 가는데도, 오늘 엄마는 아무 말도 하지 않았다. 어젯밤 내가 기타 연주자나 소설가가 되고 싶다고 선언해서 저렇게 우울 모드인 걸까?

친구들은 특목고 대비니 선행 학습이니 하며 대부분 입시 학원에 다니고 있다. 그래서 중2 마지막인 겨울 방학 중에도 만날 수조차 없다. 짜증이 나는 것은 이뿐만이 아니다. 공부하는 것도 아니고 좋아한다는 기타 연주 연습을 열심히 하는 것도 아니라며, 아빠가 어젯밤엔 내 스마트폰까지 압수했다. 초등학교 땐 건담 시리즈 동영상이 스물여섯 개나 저장된 MP3를 압수하곤 하더니……. 게다가 엄마가 암호를 입력해야만 컴퓨터를 쓸 수 있게 해 놓았다. 생각할수록 정말 답답하다.

"상우야, 너 외할머니 기억나?"

"아니. 나 다섯 살 땐가? 오래전에 돌아가셨다며. 어떻게 기억이 나겠어? 하긴 뭐, 엄마는 세 살 때 일도 기억하시겠지만."

그리고 또 침묵. 내 버릇없는 말투에 엄마가 화났나 싶어 살짝 걱정됐다. 눈치를 보니 엄마는 다른 일에 정신이 팔린 게 분명하다.

"외삼촌이 지난 연말에 서재 대청소를 하다가 외할머니의 유품 상자에서 이상한 노트를 발견했대. 그것을 보러 가는 거야. 물론 세배도 하고."

허? 외할머니라면, 미국 유학 생활 중 갑자기 영국으로 가 버렸다는, '왈가닥 찌(Zee)'라는 별명으로 불렸다던 강지효 여사 아닌가? 외 증조할아버지, 외 증조할머니의 골치깨나 썩인 딸이었을 텐데 뭐. 그에 비하면 나는 아주 착한 셈이다.

설날이면 으레 그렇듯이 왁자지껄한 환영을 받은 우리 식구는 외삼촌 가족과 세배를 주고받았다. 점심을 먹고 나니 이번에는 장차 진학할 고등학교에 대한 질문 세례가 기다리고 있었다. 대충 얼버무리려 해도, 어른들은 목표한 학교가 있을 거 아니냐며 집요하게 물었다. 아, 정말 초등학생 때가 좋았지.

내가 어른들의 그물에서 가까스로 벗어난 것은 세 시가 훨씬 지나서였다. 세뱃돈 봉투 여러 개가 청바지 주머니에서 빠지지 않도록 손으로 누르며 거실에서 나왔다. 어른들이 다과상을 물리고 TV를 보느라 주의가 분산된 틈을 타서 살짝 도망친 것이다.

요즘 인기 있는 TV 프로그램 중 하나는 연예인들이 시골에 내려가 사서 고생하는 것이 있다. 예를 들면 닭을 직접 잡거나 밭에서 김을 매는 식이다. 하지만 성격이 튀고 유별난 연예인들이 서로 친한 척 시골 마당 평상 위에 둘러앉아 잡담하는 게 나는 딱 싫다. 어른들처럼 내가 고향에 대한 향수가 있는 것도 아니고.

무엇보다도 그런 프로그램에서 똑같은 정지 화면과 자막이 두세 번씩 거듭 나오는 게 제일 싫다. 우리말을 못 알아듣는 것도 아닌데, 왜 그리 자막이 자주 나오는지 모르겠다. 화면에 쓰인 대로만 이해하면 되니 긴장하지 말고 그저 웃으라는 뜻인가? 아무튼 사회 선생님 말씀으로는 강박증이란 같은 일을 여러 번 되풀이해야 직성이 풀리는 몹쓸 병이라는데, 방송국의 연출자와 스태프에게 강박증이 있는 게 아닐까? 이럴 줄 알았으면 책이나 한 권 들고 오는 건데. 할 일도 없고 심심해서 온몸이 꼬일 것만 같다. 외삼촌 서재가 어떻게 바뀌었는지 구경이나 해야지.

외할머니의 노트는 앞쪽은 청색, 뒤쪽은 갈색 가죽으로 싸여 있었다. 이 '청갈색 노트'에는 각종 메모와 일기가 빼곡히 적혀 있었다. 게다가 목탄으로 재빨리 그린 듯한 크로키도 있고, 풍경화를 그린 종이가 몇 번 접힌 채 끼워 넣어져 있다. 집안의 총애를 받았고, 미술이며 공부에 두각을 나타냈다는 신여성 외할머니는 젊은 시절 대체 왜 말썽을 피웠을까?

　'아니, 부모를 그렇게 놀라게 하고도 어떻게 집안에서 쫓겨나지도 않았을까?'

　호기심이 부쩍 생긴 나는 외삼촌의 안락의자에 앉아 청갈색 노트를 뒤적여 보았다. 첫 번째 튀어나온 것은 누르스름하게 낡은 편지 사본이었다.

청춘은 모험이다

아버지께

아버지, 그동안 안녕하셨어요? 저는 제 친구 반 다인을 따라 페루에 갈 계획입니다. 그러니 이번 여름 방학엔 집에 돌아가지 않을 거예요. 저는 반 다인과 거기서 결혼할지도 몰라요. 페루의 고원에서 라마와 알파카를 기르며 살 거예요. 알파카는 기분이 나빠지면 침을 뱉는대요. 제가 기르는 녀석들은 절대 그럴 일이 없을 거예요. 아버지 저 낙제했어요. 그러니 아버지께서 기대하는 것처럼 미국 대학을 졸업할 수 없을 것입니다. 여기를 영영 떠날 거고요, 그렇다고 고국으로 돌아가지도 않겠어요.

추신: 아버지, 사실은 저 낙제하지 않았어요. 성적도 좋고요, 학교도 계속 다닐 거예요. 그렇지만 아버지께서 바라는 법학이나 영문

학을 전공하지 않고 다른 것을 전공하고 싶습니다. 요즘엔 철학 과목이 매우 재미있어요. 반 다인은 그냥 친구예요. 그는 약혼자도 있습니다. 반 다인과 그의 약혼자는 영국인이고 이번에 귀국하는데, 그 두 사람을 따라 저도 잠시 영국에 가 보려고 해요. 비트겐슈타인이라는 신비한 철학자가 케임브리지에 있다는데 꼭 한번 만나보고 싶어서요. 그가 완전히 새로운 철학을 만들었다고 합니다. 그러니 허락해 주세요. 석 달쯤 후에 뵐 때까지 건강하세요.

1936년 6월 15일

보스턴에서 지효 올림

'내 편지를 받고 부모님이 놀라서 쓰러지지는 않았을까? 처음에 무척 놀랐다가 휴우~ 하고 안도하며 오히려 가슴을 쓸어내렸을 거야. 당연히 페루보다는 영국으로 여행하는 것이 더 안전하다고 생각하시겠지?'

지효는 자신의 꾀에 새삼 감탄했다.

지효는 미국까지 소문난 괴짜 철학자를 눈으로 보고 그에 관한 기이한 소문을 확인해 보려는 욕심에, 긴 여행을 앞두고도 아무런 걱정이 생기지 않았다. 어쨌든 청춘은 표류하는 거니까. 둥둥 떠다니는 모험을 통해 무엇을 어떻게 배웠는가가 중요하다며 자신을 타이르고 가르쳤다. 이것은 혼자 공부해야만 하는 외국 생활 중 생긴 습관이다.

지효는 여행 가방을 꺼내 노트며 필기도구를 넣고 모자와 두꺼운 외투도 챙겨 넣었다. 여행지의 여름과 초가을 날씨를 짐작할 수 없었기 때문이다. 여행하며 새 옷을 사 입는 것은 꿈도 꾸지 못할 일이다. 보스턴에서 뉴욕 항까지 자동차로 가기로 했고, 거기서 런던까지는 배를 타고 갈 것이다.

맨해튼 시내에 며칠 머무를 예정이었지만 1929년 대공황 이후 뉴욕은 길에 빈민이 누워 있는 더럽고 비참한 도시가 되었다. 지효는 길을 지나다니면서 짓다가 만 마천루들, 무료 급식소에 줄 서 있는 사람들, 영양실조에 걸린 아이들과 눈이 마주칠까 봐 두려워했다.

1933년 프랭클린 루스벨트 대통령이 취임해 여러 가지 정책을 펼쳤다. 그때로부터 3년이 지나자, 경기가 좋아지기 시작한다는 보도가 나왔지만 사람들은 아직 경제 공황의 공포에서 벗어나지 못했다. 대학에서는 이 암울한 경제 상황을 언제 벗어날 수 있을지를 연일 토론했다. 그럼에도 낙담과 두려움은 더욱 깊어져만 갔다.

이런저런 생각으로 울적해진 지효가 이마를 찌푸리고 있을 때, 껑충한 키에 깡마른 반 다인이 중절모를 들고 문 앞에 나타나 소리쳤다.

"헤이 찌, 34분 후면 진짜 출발이야!"

반 다인은 정확한 숫자를 말해야 직성이 풀리는 괴짜 친구였다.

대서양을 배로 횡단하는 것은 위험하고 힘든 일이었다. 1927년 찰스 린드버그가 대서양 비행 횡단에 성공했지만, 일행 셋은 아직 비행기보다 배가 안전하다는 데 동의했다. 그나마 엄청난 규모의 대형 여객선이 새로 만들어져 이제 막 취항하게 되었다. 지효는 이 행운에 기뻐하면서, 고국의 부모님께 다시 짧은 편지를 썼다.

엄마께

엄마, 저랑 반 다인 그리고 그의 약혼녀는 며칠 후 퀸 메리 호를 타기로 했습니다. 아마 대서양 횡단에 나흘 정도 걸리지 않을까 예상합니다. 엄마, 아무 걱정하지 마세요. 이 배는 어마어마하게 커서 무게만 8만 톤에 이른답니다. 우리와는 단위가 다른데요. 소로 치면 약 15만 마리가 넘는 무게일 거예요. 대형인 만큼 안전할 거고요. 엄마께서 제 편지를 받으실 무렵, 저는 무사히 영국에 도착했을 거예요. 엄마, 제가 가려는 케임브리지 대학은 그 유명한 물리학자 뉴턴이 있었던 학교입니다. 지금도 세계적인 석학들이 몰려드는 곳이고요. 많이 배우고 오겠습니다. 엄마도 건강하세요.

추신: 고국을 떠나올 때 엄마가 손수 깎아 주신 대꼬챙이도 영국에 가져갑니다. 졸릴 때마다 그것으로 허벅지를 쿡쿡 찔러 졸음을 물리치라는 엄마의 농담을 생각하면, 웃음이 나면서도 정신이

확 들어 공부하게 되거든요. 그럼, 가을에 뵙겠습니다.

1936년 6월 23일
뉴욕에서 지효 올림

한여름 런던은 무덥지 않았다. 지효의 고국인 한국의 가을 날씨 같이 선선했고, 적은 양이지만 비가 내리는 날이 많았다.

"뭔 날씨가 이렇대?"

지효가 궂은 날씨에 짜증을 내며 말했다.

"아이고, 늦가을부터 겨우내 짙은 안개가 끼어 음산한 거에 비하면 훨씬 나은 거야."

반 다인의 집은 런던 북쪽 주택가인 햄스테드에 있다. 지효는 정원이 내려다보이는 그의 집 2층 방에 짐을 풀고 당분간 머물기로 했다. 주변에 있는 집들은 저녁이면 모두 창문에 커튼을 드리웠다. 그들은 길에서 무슨 소리라도 나면 커튼 모퉁이를 살짝 걷어 올려, 앞집에 어떤 방문자가 왔는지 몰래 살펴보았다. 그래서 영국이 추리 소설의 본거지일 수밖에 없는지도 모른다. 모두 어느 정도는 탐정처럼 행동하니 말이다. 지효는 반 다인의 기숙사 방에 아서 코난 도일, 애거서 크리스티, 프리먼 윌스 크로프츠 등 영국 출신 추리 작가의 책이 수십 권 쌓여 있던 것을 떠올렸다. 친구 덕에 숙소 문제를 해결한 지효는 비트겐슈타인을 만나기 전 실컷 런던 구경을 하기로 했다.

사라진 비트겐슈타인

지효는 뱃멀미로 고생한 것을 보상이라도 받을 양, 런던 시내를 쏘다 니며 구경했다. 그러면서 스케치북에 런던탑, 보행자로 들끓는 런던 다리, 버킹엄 궁전, 국회의사당 시계탑 등을 재빨리 스케치했다. 런던 에서도 지효가 가장 좋아한 곳은 초원과 늪지대가 있는 거대한 숲, 햄스테드 히스였다. 햄스테드는 19세기 초반의 시인 존 키츠, 미술사 가 에른스트 H. 곰브리치가 특히 좋아해 오래 머물렀다.

뉴욕과는 사뭇 다른 런던의 풍경과 분위기에 한참 정신이 팔렸 던 지효는 슬슬 비트겐슈타인을 만나야겠다는 생각이 들었다. 하지 만 청천벽력과도 같은 소식을 들었다. 비트겐슈타인의 행방이 몇 주 째 묘연하다는 것이다.

지효는 이제 막 명성을 얻기 시작한 비트겐슈타인이 감쪽같이 자취를 감춘 이유를 짐작할 수 없었다.

"헤이 찌, 너 정말 비트겐슈타인을 찾으러 나설 거야? 9월이 오면 넌 돌아가야 하잖아?"

언제나 지효를 '찌'라는 애칭으로 부르는 반 다인이 걱정스레 물었다.

"아니야. 나, 그를 만나지도 못한 채 돌아갈 수는 없어. 젊은 외국인이 홀연히 영국에 나타나 '철학 하는 새로운 방식'을 만들어 냈다고, 아버지께 전화로 다시 말씀드리고 나서야 겨우겨우 영국 여행을 허락받았다고. 그런데 얼굴도 못 보고 그냥 돌아갈 순 없어. 나랑 같이 케임브리지 대학에 가 보자. 가서 그 사람의 동료나 제자를 찾아보자고. 그가 숨은 곳을 알아낼 만한 단서를 찾을 수 있을 거야."

"그래, 지효를 도와 비트겐슈타인의 은신처를 알아보지 그래? 당신 추리 소설 광이잖아? 그동안 읽은 수십 권의 추리 소설을 응용해 봐. 무언가 도움이 될 거야."

반 다인의 약혼녀 클레어가 눈을 찡긋하며 말했다.

"좋아, 에스키모 속담에 맨 앞에서 썰매를 끄는 개만이 경치의 변화를 즐길 수 있다 했어! 비트겐슈타인이 다시 나타나길 기다리는 것보다 우리가 먼저 찾아 나서면 뭔가 새로운 걸 얻을지도 모르지."

반 다인은 소탈한 사람이지만, 말할 때만은 늘 현학적이어서 인용구나 숫자를 들먹이기 일쑤다. 하지만 지효는 이런 친구가 있어 다행이라고 생각했다.

케임브리지 대학교는 런던에서 북쪽으로 약 80킬로미터 정도 떨어진 캠 강가에 있는, 유서 깊은 도시 케임브리지에 자리 잡고 있다. 지효와 반 다인은 런던의 킹스 크로스 역에서 기차를 타고 1시간도 더 달려 케임브리지 기차역에 내렸다. 2~3년 전 붉은 벽돌로 새로 지었다는 웅장한 대학도서관 건물도 멋있었지만, 그보다 수백 년 된 대학 건물들이 더 인상적이었다.

비트겐슈타인이 머물렀던 트리니티 칼리지에서 맨 처음 만난 사람은 버트런드 러셀(Bertrand Arthur William Russell, 1872~1970)이라는 유명한 철학자였다. 그는 예순은 넘어 보였고, 은발에 온화한 인상이었다. 그러나 그는 자기가 데뷔시킨 제자의 이야기를 꺼내자 별로 좋아하는 기색이 아니었다.

"비트겐슈타인은 여행을 자주 떠났으니, 이번에도 어디론가 잠깐 여행을 간 것 아니겠소? 나도 미국 강연 준비로 바쁘다오."

러셀은 무관심한 척 말을 마치고 서둘러 떠났다. 지효와 반 다인은 기차를 타고 달려온 보람도 없이 아무 도움도 받지 못했다.

다음으로 조지 에드워드 무어(George Edward Moore, 1873~1958) 교수를 찾아갔지만 그는 연구실에 없었다. 그가 돌아오길 기다리다가 연구실 벽에 붙어 있는 이상한 그림을 한 장 발견했을 뿐이었다.

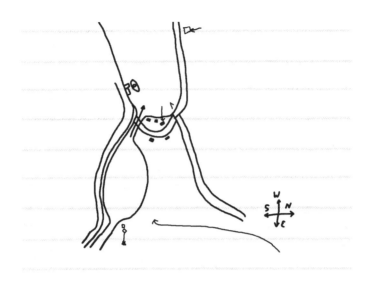

트리니티 칼리지 건물 입구에서 만난 연구원 하나는 비트겐슈타인을 잘 알고 있는 듯했다. 그러나 그 사람도, 지난봄에 비트겐슈타인이 자기 제자인 미국인 부부와 공원을 산책하는 것을 본 후로는 그를 본 적이 없다고 했다. 제자의 부인은 잔디밭을 가로질러 느릿느릿 걸어갔고, 제자는 태양 주위를 도는 지구처럼 부인 둘레를 성큼성큼 돌았으며, 비트겐슈타인은 제자의 둘레를 위성인 달처럼 도느라 거의 헉헉대며 뛰었다는 것이다.

"그런 놀이는 괴상한 사람이 아니고선 생각해 낼 수 없지."

돌아오는 길에 반 다인이 눈을 빛내며 말했다. 이제까지 반 다인

이 매료된 사람들은 그의 어릴 적 친구이자 약혼자인 클레어를 빼고
는 모두 추리 소설에 나오는 기묘하고 개성 있는 탐정뿐이었다. 당시
영국에선 애거서 크리스티가 쓴 추리 소설이 큰 인기를 끌고 있었다.
지효와 반 다인은 자신들이 그 소설 속의 미스 마플과 포아로 형사
처럼 미로를 헤매며 수수께끼를 풀게 될 줄은 꿈에도 생각지 못했다.

용감한 형제, 홀을 누르는 형

유리병 속에 갇힌 파리

"상우야, 일어나!"

엄마가 어깨를 흔드는 바람에 잠에서 깨어났다. 외할머니의 모험담이 시작되려는 순간, 아니 그 약도 같이 생긴 그림을 유심히 보며 공상에 빠졌다가 그만 잠이 들었나 보다.

"저 노트 보고 있었는데요."

"알아, 외할머니 노트 아니냐. 그거 우리 집으로 가져갈 거야. 엄마 가방에 넣어라."

엄마는 옷가지 등을 다 챙겼는지, 빠진 것은 없는지 꼼꼼하게 확인했다.

"외할머니는 언제 한국에 돌아오셨어요? 비트겐슈타인은 만났대요?"

"비트겐슈타인? 몰라. 외할머니는 한 3년 정도 영국에 머물렀을

걸. 유럽이 점점 히틀러와 나치 때문에 험악해지고 뒤숭숭해지자 미국으로 다시 돌아갔고, 거기서 대학을 마쳤다는 말만 들었어. 얼른 아빠 차로 가. 어두워지기 전에 집에 도착해야 해."

외할머니 강지효 여사는 어떤 사람이었을까? 엄마처럼 예민하고, 때로 불같이 화를 내는 성미였을까? 항상 사실대로 말해야 하고, 정확하지 않은 말을 싫어하는 까다로운 사람이었을까? 아니면 아빠와 나처럼 선의의 거짓말도 가끔 하고, 덜렁대면서 낙천적인 성격이었을까? 외할머니와 비트겐슈타인에 대한 궁금증이 꼬리에 꼬리를 물고 일었다.

"아빠, 비트겐슈타인이라는 이름 들어 보셨어요?"

"그럼! 록그룹 이름 아니냐?!"

"예?"

그 순간 엄마가 운동선수처럼 순발력 있게 끼어들었다.

"너는 어려서 잘 모를 거야. 얼마 전에 불의의 사고로 세상을 떠난 가수가 오래전에 만든 그룹이야. 내가 전에 미용실에서 그 가수가 인터뷰한 잡지를 읽었거든? 그 가수 말이, '프랑켄슈타인'은 이상하고, '아인슈타인'은 자기랑 영 안 어울리고, 그래서 대학 시절 들어 본 '비트겐슈타인'이란 이름을 빌려서 지었다더라?"

"어, 그래? 여보, 그 가수가 대학에서 철학 전공하지 않았어? 그럼, 철학자의 이름일지 모르겠군."

결국, 엄마 아빠도 나만큼 비트겐슈타인에 대해 아는 게 없는 셈 아닌가. 어른이라고 더 많이 아는 것도 아닌가 보다. 오랜 세상살이에서 오는 지혜는 풍부할지 몰라도 말이다.

다음 날 아침 인터넷을 검색해 보니, 천재 철학자 비트겐슈타인이 썼다는 책을 우리말로 옮겨 놓은 시리즈가 있었다. 그중에 《논리-철학 논고(Tractatus Logico-Philosophicus)》라는 이상한 제목의 책이 있었다. 이 책을 우리나라 학자들이 연구한 책도 여러 권 있는 걸 보면, 비트겐슈타인은 아마도 철학 분야의 슈퍼스타인 것 같다. 인터넷에 떠다니는 그의 사진 중 대부분은 얼굴에 살이 없고 눈이 퀭해 보이는 것이 많았다. 웹 문서나 블로그의 글을 읽어 보니, 비트겐슈타인 마니아가 꽤 많은 것 같았다. 알쏭달쏭하지만 왠지 멋진 경구도 소개되어 있었다. "말할 수 없는 것에 대해서는 침묵하라"는 말은 왠지 결연해 보여서 마음이 끌렸다. '철학이 유리병 속에 갇힌 파리에게 출구를 가르쳐 주는 것'이란 말도 근사하게 느껴졌다. 하지만 계속 의심을 거둘 수가 없다. 엄마 말씀이 이상하게 마음을 끄는 말을 만들어 내는 사람은 현인 아니면 사기꾼이라 했으니까.

철학 분야 외의 다른 업적을 나열한 글도 있었다. 공학도 시절 새로운 비행기 엔진 특허를 냈는데, 그것이 제트 엔진의 시초가 되었다는 것이다. 제1차 세계 대전에는 전투병으로 참전해 훈장을 받았고, 그 후엔 초등학생을 위한 혁신적인 사전을 편찬했다고 하고, 나중에는 현대식 건물을 설계했다고도 한다. 제2차 세계 대전 때는 부상으로 인한 쇼크를 연구하는 의료팀의 보조로 일하면서 혈압 변동에 따른 호흡 변화를 측정하는 기구를 만들기도 했다는 것이다.

'세상에! 이 사람 뭐야. 괴물 아냐?'

1951년에 사망했다는 철학자에 대한 호기심을 완전히 채우기에, 나는 너무나 바쁘고 고민이 많다. 일주일에 두 번은 기타 레슨을 받아야 하고, 엄마가 좋아하는 남자 탤런트들이 수영도 잘하고 배에 '왕(王)' 자 근육을 가졌다는 이유로, 이번 겨울 방학부터는 수영 개인 레슨까지 받는 신세가 되었다. 특기인 개헤엄으로 물놀이는 충분히 즐기는 데도 말이다. 정식으로 수영을 배운다고 해서 모두 몸짱이 될 수 있는 것도 아닐 텐데……

나는 무엇이든 천천히 놀며 배우려 하고, 엄마는 번개처럼 모든 것을 빨리 습득하기를 바란다. 엄마는 수영장 위층 로비에서 내 접영 동작을 유리창 너머로 내려다본다. 집에 돌아가면 엄마는 반드시 내 동작에 대해 지적을 쏟아낼 것이다. 수영할 때 나는 수족관의 물고기가 된 기분이다. 아니, 앵앵 날다가 유리병에 들어가 '출구를 못 찾은 파리' 같다. 정말 빠져나갈 길을 못 찾겠다. 무엇을 해도 어른들이 시켜서 하는 것만 같고 흥이 나지 않는다.

공부 문제만 해도 그렇다. 아인슈타인도 학생 시절 낙제생이었다는데, 엄마는 그렇지 않을 거라고 굳게 믿고 있다. 예전에 어떤 물리학 교수가 쓴 글을 읽었는데, 당시 학교의 성적 평가 제도가 어느 해 갑자기 거꾸로 바뀌었기 때문에 오해가 생겨났다는 거다. 엄마는 확신에 가득 차서 나를 설득했다.

"우리나라에서는 우수한 학생을 평가해서 '상위 5퍼센트 학생이다.'라고 말하지만, 미국에서는 '95퍼센타일이다.'라고 하잖니. 그러니까 미국 사람에게 한국식으로 5퍼센트라 말하면 하위 5퍼센트에 속한, 공부 못하는 학생으로 오해하기 딱 쉽지."

아인슈타인이 사실은 잘하는 5등급이었는데 갑자기 1등급이 최고인 체계로 뒤바뀐 이후, 더욱이 오랜 시간이 지난 후에는, 마치 그가 꼴찌 등급이었던 것으로 세간의 오해를 받게 되었다는 뜻인 것 같다. 여기서 얄미운 사람은 엄마도 아인슈타인도 아니고 등급 체계가 바뀌었을지 모른다는 가정을 세우고 추적한 사람들이다. 천재는 일시적으로나마 낙제생이어서는 안 되고 평생 우등생이어야 한단 말인가? 낙제생 아인슈타인처럼 자기도 나중에 실수를 만회할 수 있다고 믿고 노력하는 평범한 학생들의 희망은 어쩌란 말인가?

내 수난은 성적 문제에만 그치지 않는다. 몇 년 전 하계 올림픽에서 잘생긴 남자 배드민턴 선수가 텔레비전 카메라를 향해 윙크한 이후로, 나는 하마터면 배드민턴 교습을 받을 뻔했다. 그 위기는 기타를 치기 위해 길게 기른 오른손 손톱을 깎을 수 없다는 문제 때문에 간신히 벗어날 수 있었다.

아직도 내가 천재라고 굳게 믿는, 아니 나를 천재의 모습에 끼워 맞추려는 엄마 때문에 이렇게 피곤한데, 비트겐슈타인이란 사람이 정말 다방면의 천재였다면 주위의 기대 때문에 얼마나 힘들었을까. 집안 어른들의 압박은? 세상과의 갈등은 없었을까? 비트겐슈타인이 가엾다는 생각을 하니 외할머니가 그에 대해 청갈색 노트 속에 휘갈긴 메모들이 자꾸 떠올랐다. 거기에는 사람들의 이름과 빈, 런던, 케임브리지, 노르웨이 같은 지명이 서로 선으로 연결되어 있기도 하고, 이상한 단어와 물음표가 한데 섞여 있기도 했다.

외할머니의 노트는 마치 새로 받은 클래식 기타 악보 같다. 설레면서도 두렵지만, 일단 악보를 보면대 위에 펼쳐 놓고 곡 전체를 기타로 한번 쳐 봐야 한다. 그러면 내가 손쉽게 연주할 수 있는 부분과 연습이 많이 필요한 부분을 알 수 있다. 비트겐슈타인의 이야기를 이해하지 못할 것이라고 지레 겁먹을 필요가 없다. 세상에서 가장 아름다운 기타 소리를 들으려면 일단 시작해야 하고, 피나는 연습이 필요하다. 나는 새 곡을 만났을 때 기타를 천천히 치면서 악보를 한 장 한 장 넘기듯이, 외할머니의 노트를 읽어 가기로 했다.

2

고독한 은둔자를
찾아서

강을 거슬러 올라가는 연어처럼

케임브리지 대학 안에서 비트겐슈타인의 은신처를 수소문하는 일이 벽에 부딪히자, 반 다인은 추리 소설 광답게 색다른 제안을 했다.

"우리, 비트겐슈타인이 케임브리지에 오게 된 경로를 거꾸로 되짚어 보는 게 어떨까? 어디서, 어떻게, 왜 여기에 왔는지 말이야."

"아, 좋은 생각이다!"

그날부터 지효와 반 다인은 비트겐슈타인의 발자취를 더듬어 가기 시작했다. 도서관에 가서 자료도 찾고, 그의 강의를 들었다는 학생을 수소문해 증언을 듣기도 했다. 두 사람은 매일 저녁, 낮에 수소문해서 모은 자료를 가지고 지효가 쓰는 2층 방에서 토론했다.

두 사람은 비트겐슈타인이 오스트리아의 엄청난 부잣집 아들이고, 미혼에, 보통 사람들과 달리 괴팍하고 결벽증이 있다는 것, 늘 심각해 보이지만 때로는 휘파람으로 오케스트라 전곡을 분 적도 있고,

강의가 끝나면 극장으로 달려가 맨 앞줄에서 영화를 보곤 했다는 짤막한 정보만 얻을 수 있었다. 이 퍼즐 조각을 잘 맞춰 큰 그림을 읽어 내는 것이 문제였다.

두 사람이 찾으려는 인물, 비트겐슈타인을 이해하기에는 정보가 턱없이 부족했다.

"오스트리아의 철강 산업으로 대부호가 된 사람의 8남매 중 막내니 얼마나 교육을 잘 받았겠어? 그 형제들 교육에 개인 교사만 스무 명 정도 붙었던 것 아냐?"

반 다인이 비꼬듯 말했다.

"부자라고 다 그렇지는 않겠지만, 이 집안은 아주 음악적이고 예술적인 취향이 넘치는군. 그야말로 20세기 말의 빈을 대표하는 문화 가족이야."

지효는 비트겐슈타인의 가족을 조사했다. 그의 형과 누나는 나중에 유명한 피아니스트와 화가가 되었다고 하니, 비트겐슈타인에게도 예술가의 피가 흐르고 있을지 모를 일이었다.

반 다인은 비트겐슈타인의 학력을 꼼꼼히 확인해 보기로 했다.

"독일의 유명한 기술 전문학교에서 기계 공학을 전공하고, 맨체스터에서 연구하기 위해 영국에 온 거야. 항공학에 관심을 두고 기체의 연소와 프로펠러의 설계에 대해 실험하다가, 그것과 관련된 수학의 기초에 관심을 두게 되었던 게 틀림없어. 수학의 논리 구조에 매료되면서 철학에 관심을 가진 게 아닐까?"

반 다인이 의기양양해서는 소리쳤다.

"그래서 러셀 밑에서 공부하기 위해 케임브리지 대학교 트리니티 칼리지로 왔을지도 모르겠네. 그때가 몇 살이었는데?"

지효의 물음에, 늘 정확히 말하려 애쓰는 반 다인이 서류 뭉치를 확인한 후 대답했다.

"1911년 불쑥 러셀을 찾아왔다니 그의 나이 스물둘이지. 입학은 다음 해에 했네."

며칠 전 러셀을 만났을 때, 그가 보인 모호한 태도가 지효는 왠지 께름칙했다.

"러셀은 비트겐슈타인을 좋아했을까?"

"글쎄."

반 다인은 턱을 손으로 문지르며 잠시 생각하다 탐정처럼 되물었다.

"만약에 천재가 한밤중에 너를 찾아와 몇 시간 동안이나 논리 문제나 자신의 죄를 한탄하면서 사나운 짐승처럼 방을 배회한다면, 찌, 너는 그가 좋겠니?"

"글쎄……. 하지만 그가 천재라는 것을 단번에 알아본 러셀 같은 학자라면, 그를 좋아하지 않았을까? 비트겐슈타인을 알게 된 것이 자신의 삶에서 가장 흥미로운 지적 모험 가운데 하나였다고 말한 적도 있다잖아. 정열과 비상한 통찰력, 지적 순수성을 지닌 인물이라고 칭찬하기도 했고."

"처음엔 그랬겠지. 그런데 만일 네가 집필 중이던 철학책 원고를 그 아들 같은 천재가 혹독하게 비판했다면?"

반 다인은 집요하게 따지고 들었다.

"흠……."

시간은 계속 흐르고, 퍼즐을 맞추는 일도 쉽지 않았지만, 지효는 무엇이든 빨리 알아내야 한다는 마음에 조바심이 일었다.

"찌, 내가 추적해 보니, 그는 1913년에 논리에 대해 연구하기 위해 노르웨이에서 혼자 살다가, 1914년 전쟁이 터진 직후 오스트리아-헝가리 제국 군대에 자원입대했어."

"그럼 그 유명한 책은 도대체 언제 나온 거야?"

"전장에서 논리와 윤리에 대한 사상을 노트에 기록한 것인데, 1922년에 《논리-철학 논고》라는 이름으로 발간되었대."

비트겐슈타인의 생애를 추적하던 중, 두 사람은 놀라운 사실을 발견했다. 1919년 제1차 세계 대전이 끝난 직후에도 비트겐슈타인이 사라진 적이 있다는 사실을 알게 된 것이다. 그러나 그때 비트겐슈타인이 어디에서, 무엇을 했는지는 도무지 알 수 없었다.

어느새 런던 시내도 어둠에 묻혀 버렸다. 9월도 다 지나갔는데, 종적 모르게 숨어 버린 그를 어디서 찾을 수 있을까. 시간이 지날수록 지효는 초조해졌다.

"이봐 반 다인, 이건 순전히 추측이지만, 혹시 비트겐슈타인이 전쟁 후 몸을 숨긴 첫 번째 은신처로 다시 숨어 버린 것은 아닐까?"

두 사람은 서로 얼굴을 마주 보았다. 비트겐슈타인 같은 부자라면, 외국의 도시나 시골에 별장을 가지고 있을지도 모르는 일이었다. 사람이라면 누구에게나, 피곤하거나 혼자 있고 싶을 때 남몰래 숨어서 쉬는 공간이 필요하니 말이다.

첫 번째 은신처

반 다인은 무척 기분이 좋았다. 갈색 가죽 소파에 기대 눈을 가느다랗게 뜨고 어디 맞혀 보라는 표정으로 지효를 쳐다보며 말했다.

"나와 비트겐슈타인의 공통점이 뭔지 알아? 흐흐흐."

"흠, 글쎄. 바흐, 베토벤 같은 고전 음악을 좋아한다는 것?"

"그것도 맞지만, 비트겐슈타인이 추리 소설을 아주 좋아한 것 알아? 그것이 학술적인 철학 잡지보다 더 깊은 철학을 가지고 있다고 말한 적이 있대."

"정말?"

두 사람은 아직 만나보지 않은 영혼, '가장 무신경한 사람'이면서 '가장 독립적인 정신의 소유자' 혹은 '진정한 천재'로 일컬어진 비트겐슈타인에게 점차 빠져들었다. 케임브리지 학생들이 때때로 그를 흉내 내는 것도 그의 인간적 매력 때문일지 모른다. 그를 빨리 만나기 위해서라도 그가 전쟁 후 갔던 곳을 찾아내야 했다.

지효와 반 다인은 비트겐슈타인이 은둔할 만한 비밀 주택을 가졌는지 조사했다. 비트겐슈타인은 1913년 아버지가 돌아가신 후 물려받은 유산을 주변의 가난한 시인들에게 나눠 줘 버렸다. 그러니 자기 집이 있을 리 없었다.

전쟁이 끝난 뒤인 1919년 가을, 비트겐슈타인은 다시 한 번 아버지가 사 두었던 미국 채권을 유산으로 상속받아 오스트리아에서 가장 부유한 사람 중 하나가 되었다. 그러나 이번에도 비트겐슈타인은 모든 재산을 형과 누이에게 주고, 자신은 자기가 번 돈으로만 살아가겠다고 말했다. 그러고는 어디론가 홀연히 떠났다.

"그렇다면 비트겐슈타인이 전쟁이 끝나고 사라지기 전에는 자기 형제가 사는 집으로 갈 수밖에 없었겠네. 우리도 일단 오스트리아의 집으로 가 보자."

지효가 제안했다.

지효와 반 다인은 런던에서 프랑스와 독일을 거쳐 오스트리아에 도착했다. 쉬엄쉬엄 오긴 했지만, 거의 일주일이 걸린 피곤한 여행이었다. 오스트리아 빈의 앨리가세에 있는 그의 집은 마을 사람들이 '비트겐슈타인 궁'으로 부르고 있을 만큼 어마어마한 규모였다. 비트겐슈타인이 어릴 때에는 집에 그랜드 피아노만 서너 대가 있었다고 했다.

궁궐 같은 집에는 비트겐슈타인의 누이가 살고 있었다. 그녀도 비트겐슈타인에게서 아무 연락을 못 받았다고 했다. 전쟁 후에 비트겐슈타인이 갔던 곳을 묻자, 그가 그때는 시골의 가난한 사람들 틈에서 살기를 원했고, 그래서 집을 떠나 트라텐바흐 초등학교 선생님으로 일했다는 사실을 알려 주었다.

지효와 반 다인은 트라텐바흐로 갔지만 허탕이었다. 비트겐슈타인이 마을학교의 선생님으로 있으면서 학생들과 동물 사체 해부, 해골 모으기, 점토 항아리 만들기, 천문학 공부, 어려운 대수 문제 풀이 등을 하고, 아동용 독-오 사전인 《초등학생을 위한 사전》을 만들었고, 수도원에서 정원사로도 일했다는 것은 알게 되었지만, 그의 자취는 마을 인근 어디에도 보이지 않았다.

허탕을 치고 돌아오는 길에, 비트겐슈타인이 약 2년 동안 그의 누이 그레텔을 위해 설계했다는 쿤트만가세의 저택, 스톤보로우그 하우스를 둘러보았다. 너무나도 단순한 형태의 건물이었다. 지효가 급히 스케치북을 꺼내 데생을 시작하자 반 다인이 물었다.

"찌, 이 집의 어떤 점이 마음을 끌었어?"

"아무런 장식이 없잖아? 마치 수도사처럼 금욕적인 집이잖아."

돌아오는 기차에서 메모하는 지효를 보며 반 다인이 물었다.

"초등학교 교사로 있는 동안에는 철학 연구는 전혀 안 했을까?"

"마을 사람들 말로는 몇몇 사람이 찾아오기도 했다던데? 영국의

스톤보로우그 하우스

젊은 수학자가 두어 번 그를 방문했다는 말이 있어. 그 외에도 비트겐슈타인을 숭배하는 사람들이 방문했을 수도 있겠지?"

그들은 '빈 학단(Vienna Circle)'이란 모임을 만들었던 과학자들과 철학자들이고 나중에 '논리실증주의자'로 알려진 사람들이었다. 지효는 미국의 대학에 있을 때 이들에 대해 강의 시간에 들어 본 적이 있었다.

"그즈음 자기의 초기 작품인 《논리-철학 논고》를 돌아보고 불만족스러운 점을 발견했을 수도 있고…… 그래서 1929년에 케임브리지로 돌아온 거고."

"네 말이 맞아, 반 다인. 그때 그의 평생 친구인 경제학자 존 케인스(John Maynard Keynes, 1883~1946)가 자기 부인에게 보내는 편지에 뭐라고 쓴지 알아? '자, 신이 도착했소. 그를 5시 15분 기차에서 만났소.'라고 했대. 하하."

지효와 반 다인은 마주 보며 웃음을 터트렸다. 케인스에게 비트겐슈타인은 신이었던 것이다.

비트겐슈타인의 종적을 추적하는 사이, 지효와 반 다인은 어느새 그의 숭배자가 되어 있었다. 비트겐슈타인이 지닌 마력에 그들도 서서히 빠져들었다. 어떤 분야든 관심만 가지면 독창적이고 탁월한 업적을 남길 수 있다는 것은 정말 놀라운 일이었다.

긴 여행에서 허탕을 치고 돌아왔지만 하나도 힘들지 않았다. 오히려 어려운 추리 문제를 풀 때처럼 강렬한 승부욕이 끓어올랐다. 그들은 비트겐슈타인의 남다른 삶과 비범한 철학이 서로 깊이 맞물려 있다는 사실을 원점 삼아, 케임브리지에서 그의 행방을 다시 쫓기로 했다. 비트겐슈타인은 삶과 생각이 따로 노는 이 세상의 수많은 사람과 확연히 다른 존재였다. 지효는 꼭 찾아내서 만나고 말리라고 다짐했다.

런던은 안개에 젖어

지효와 반 다인은 비트겐슈타인의 친구와 제자의 증언을 듣기 위해 돌아다녔다. 1929년 초 돌아온 비트겐슈타인은 《논리-철학 논고》를 제출해서 여름에 박사 학위를 받았고, 다음 해엔 5년간 특별연구원 자격도 얻었다. 그런데 이번 여름에 왜 갑자기 사라진 것일까? 연구원 임기가 끝나서? 그렇다면 이번엔 대체 어디로 간 것일까?

비트겐슈타인의 행방에 관해 아무런 실마리를 찾지 못한 두 사람의 머릿속은 안개가 자욱하게 낀 영국 날씨 같았다.

"이봐 찌, 비트겐슈타인은 책을 여러 권 읽기보다는 자기가 좋아하는 책을 여러 번 반복해서 읽는 습관이 있었대."

"그건 나도 그런걸! 비범한 사람의 공통점인가? 히히."

"내 말은, 세상에는 좋아하는 게 하나 있으면 집요하게 파고드는 사람이 있지 않으냐는 거야. 비트겐슈타인이 그런 사람이라면 완전히 새로운 곳으로 숨어들지는 않았을 거 같다 이거지. 편안하고 익숙한 곳에서 철학적 사색에 골몰하지 않을까?"

"그럴 수도 있겠다. 하지만 첫 번째 은둔처였던 트라텐바흐에는 그의 자취가 없었잖아. 그 수도원에도."

지효가 볼멘소리로 대꾸했다.

"나는 왠지 우리가 처음 케임브리지에 갔을 때 방문한 무어 교수의 방에 있던 그림이 마음에 걸려."

반 다인이 말을 마치자마자 지효는 눈을 크게 떴고, 이내 두 사람은 레인코트를 집어 들고 튕기듯 방을 뛰쳐나갔다.

전에 만나지 못한 무어 교수는 다행히 연구실에서 책을 읽고 있었다. 지효는 그에게 간략히 자신들을 소개하고 방문 목적을 설명했다.

"저, 실례지만…… 저 그림은 무엇입니까?"

성급한 반 다인이 더 이상 참을 수 없다는 듯 물었다.

"아, 예. 비트겐슈타인이 떠나며 제게 전해 달라고 사무실에 남긴 약도예요. 그런데 사실 저는 이곳이 어딘지 알 수가 없네요. 비트겐슈타인이 내게 자세한 장소를 말하지는 않은 것으로 기억하는데, 그가 착각한 것인지, 내가 듣고도 잊어버린 것인지, 원."

곧 은퇴할 나이로 보이는 노 교수는 비트겐슈타인이 떠난 것을 진심으로 아쉬워하는 것 같았다.

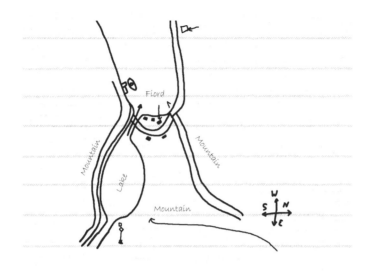

"이 그림을 베껴도 괜찮겠습니까?"

"물론이지요."

허락을 받은 지효는 재빨리 그 그림을 베꼈다. 지효는 이 그림이 마음에 들었다. 간단해 보이지만 동서남북 나침반이 표시된 정교한 그림이기 때문이다. 어디로 차를 타고 가든, 해가 뜨고 지는 동서 방향을 염두에 두고 있는, 그래서 머리에 나침반이 들었다는 조롱을 듣는 지효는, 동서남북 표시도 없이 약도를 그리는 무심한 사람들을 천성적으로 싫어했다.

이제 문제는 비트겐슈타인에게 익숙한 곳, 그만의 그 공간이 어디인지를 찾는 일이었다. 처음에 무어 교수의 방에서 이 그림을 보았을 때는 몰랐지만, 비트겐슈타인이 지형물 위에 쓴 글자가 몇 개 있었다. 산(mountain) 세 개와 호수(lake) 하나, 그리고 흘려 쓴 나머지 한 단어는 분명치 않았다.

"아 알았다. 이것은 피오르(Fiord), 빙하를 말하는 거야. 앗!"

갑자기 반 다인은 자기 머리를 손으로 쳤다.

"왜 그래?"

"전에 우리가 비트겐슈타인의 청년 시절 행로에 관해 이야기한 적이 있지 않았어?"

"그렇지."

"1911년 러셀을 찾아와서 논리학 공부를 하다가, 1913년에 갑자기 노르웨이로 떠났어. 다음 해 여름에 전쟁이 터지자 입대했고. 이곳은 빙하가 있는 곳이니 노르웨이 산속이 아닐까?"

그 말을 듣는 지효의 머릿속에도 깊은 산과 호수, 빙하로 둘러싸인 오두막에서 골똘히 명상에 잠긴 외로운 한 사람의 형상이 떠올랐다. 두 사람은 또다시 얼굴을 마주 보았다. 내일 날이 밝으면 맨 먼저 갈 곳이 생겼다.

러셀은 아침 일찍 연구실에 나와 있었다. 그는 두 달 전 잠깐 만난 두 사람을 기억하고 있었다. 무엇보다 다행인 것은, 이번에는 러셀의 기분이 한결 좋아 보였다는 점이다. 러셀은 손님들에게 레몬을 넣은 중국산 홍차와 비스킷을 내놓았다. 반 다인보다 침착한 지효가 러셀과 주로 대화를 나눴다. 러셀도 제자의 연락 두절 상태가 길어지자 그가 단순한 여행을 떠난 것이 아니라고 생각하기 시작한 것 같았다.

"전쟁 전인 1913년에 비트겐슈타인이 노르웨이로 간 적이 있나요?"

"네, 그랬었죠. 2년 동안 혼자 살려는 계획으로 갔었지요."

"아, 그렇군요. 혹시 정확히 어디에 머물렀는지 알고 계십니까?"

"내게 편지를 여러 번 보냈기 때문에 주소를 압니다. 베르겐 시 북쪽에 있는 송네피오르 가장자리에 있는 스콜덴이라는 마을이었죠. 처음엔 그 지방의 우체국장 집에서 살았습니다. 나중에는 집을 지었다고 들었어요."

"그때 왜 그곳으로 갔는지 아십니까?"

"잘 모릅니다. 아무튼 그때 저는 여러 가지 이유를 들어서 반대했어요. 비트겐슈타인은 논리학 연구에 집중하는 데 고독이 도움되지 않을까 하는 기대를 품고, 혼자 살려고 한 것인지도 몰라요."

그러면서 러셀은 자신의 일지를 보여 주었다. 일지에 적힌 내용을 바탕으로 미루어 짐작해 보면, 비트겐슈타인은 고집 센 사람이었고, 그때 러셀은 떠나려는 제자를 말릴 수 없었던 것이 분명했다.

내가 어두울 것이라 말하면, 그는 햇빛을 싫어한다고 말했다.

내가 외로울 것이라 말하면, 그는 지적인 사람들과 말하는 것은 마음을 파는 것 같다고 말했다.

내가 그보고 미쳤다고 말하면, 그는 신이 그를 온전하게 되지 않도록 막고 있다고 말했다.

러셀이 옛날 일을 회상할 때면 그가 비트겐슈타인을 아끼고 많이 좋아한 것 같았지만, 차차 최근의 일을 말하면서 얼굴이 흐려졌다. 무엇인가 두 사람 사이에 깊은 앙금이 있는 듯 보였다.

돌아오는 기차에서 지효는 비트겐슈타인이 정말로 노르웨이로 갔을 만한 이유가 있는지에 대해 생각했다. 반 다인은 기차 안에서도 추리 소설을 읽느라 정신이 없었다. 지효는 팔꿈치로 반 다인을 쿡쿡 찌르며 물었다.

"비트겐슈타인에게 노르웨이는 어떤 의미일까?"

"글쎄 뭐, 거기서 해방감과 행복을 느꼈는지도 모르지. 사람마다 자기만의 특별한 공간이 있잖아."

"길고 고독한 산책이 필요한 사람에게 딱 맞는 그런 곳?"

"응. 사람은 자기가 가장 자신다웠던 곳, 자기만의 생각을 했던 그런 장소로 언젠가 돌아가지."

반 다인은 인간과 세상사에 도통한 도사처럼 말했다. 반 다인의 말을 그대로 믿는 건 아니었지만, 어쨌든 비트겐슈타인이 노르웨이로 갔으리라는 추리는 꽤 신빙성이 있는지라 지효는 만세라도 부르고 싶어졌다. 이제 노르웨이로 가는 일만 남았다.

지효는 청색과 갈색 표지로 노트를 묶어, 이제까지의 일을 꼼꼼히 기록하고, 급히 썼던 메모도 제 위치를 맞춰 풀로 붙여 놓았다. 비트겐슈타인이 두 번째로 사라지기 전에 케임브리지에서 몇 년간 강의할 때, 학생들이 받아 적은 강의록은 《청색 책》과 《갈색 책》으로 만들어졌다. 학생들 사이에 지하 문건처럼 돌고 있다는 그 책의 사본을 러셀의 방에서 보고 온 후, 지효는 왠지 그냥 똑같은 색깔로 노트를 만들고 싶었다.

하지만 지효와 반 다인은 발이 묶였다. 비트겐슈타인을 만나러 가려면 꼭 건너야 하는 호수가 있는데 추운 날씨로 얼어붙었기 때문이다. 노르웨이 여행은 얼음이 녹는 봄인 다음 해 3월로 미뤘다. 지효는 준비해야 할 물품을 기록하고, 시간이 날 때마다 비트겐슈타인의 책과 강의록을 들춰보았다. 짙은 안개에 젖은 런던처럼 모든 일이 뿌옇고 모호했지만, 지효의 마음속 안개는 서서히 걷히고 있었다. 몇 개월만 기다리면 그를 곧 만날 수 있다는 기대 때문이었다.

보통 사람, 특별한 사람

설날도 다 지났다. 이제 나는 곧 중3이 된다. 며칠 남지 않은 겨울 방학이 아쉽기만 하다. 이번 겨울에는 일주일 이상 강추위가 계속된 적도 있었다. 겨울은 사람이나 동물에게 시련의 계절인 것 같다. 이번 이상 저온은 우리나라만 해당하는 것이 아니었다. 캐나다와 미국에 사는 교민도 자기 평생 가장 추웠다는 말을 했다고 한다. 그렇지만 우리나라는 곧 추위가 풀렸을 뿐 아니라 다시 고온현상이 나타났다. 어느 지방은 기상대 관측 이래 겨울 날씨로는 최고 기온이라고 했다. 날씨가 변덕 부리는 데는 두 손 들 정도다.

내가 날씨에 신경을 쓰는 이유가 있다. 겨울철에는 특히 눈과 비에 주의를 기울인다. 내 강아지가 하루에 세 번 산책하러 나가야 하기 때문이다. 초등학교 5학년 때 등굣길에 나를 이틀 동안 따라왔던 유기견을 데려와 키우기 시작한 지 벌써 4년이 흘렀다. 누군가에게

버림받은 개의 이름을 짓는 일은 신중해야만 했다. 전에 불리던 이름이 있을 것이고 혼란스럽기만 할 테니 새 이름을 빨리 지을 필요는 없었다. 하지만 멋진 이름을 지어 주기는 해야 했다. 이름을 가진 소가 이름이 없는 소보다 우유를 더 많이 생산한다는 외국 연구자들의 실험결과가 발표된 적도 있지 않은가. 그렇다. 이름은 중요하다. 까치를 가지고 실험을 하는 연구자들도, 까치를 단지 1, 2, 3이라고 분류하는 것보다 조롱이, 새침이, 촐랑이 식으로 이름 붙여 주면 더 실험이 잘된다고 말한 적이 있다. 그래서 나는 특별한 이름을 짓는 데 한 달 이상 고민했다.

눈이 산머루처럼 검고 영롱한 '머루'와 동네 뒷산에 오르는 일은 언제나 기쁘다. 머루가 나와 산책하는 것을 매우 좋아하기 때문이다. 미니 핀과 요크셔테리어의 잡종인 머루가 늘씬한 다리로 뛰어가 겁없이 나무 밑동까지 내려온 청설모를 쫓는 것을 보면, 머루가 이전 주인집에서보다 지금 더 행복할까 하는 생각을 하게 된다.

가끔은 머루의 눈으로 사계절의 산속을 바라보는 일도 있다. 개들은 빨강-노랑-초록을 구분하지 못한다. 그러니까 우리 머루에게 단풍은 아무 의미가 없다. 머루에게는 파랑과 보라도 같게 보인다. 개가 보는 세계는 삶은 달걀노른자 표면 같은 황록색, 그리고 짙은 암녹색 그리고 보라색투성이라 한다. 머루는 자기가 보는 세계와 다른 세계가 있는 것을 알까? 가끔 나는 내 눈앞의 세계를 머루처럼 보려고 해 본다. 이것은 보라색 저것도 보라색, 이것은 초록색 저것도 초록색이라고 마음의 눈으로 색칠해 본다. 아아, 정말 개를 사랑하는 사람들이 개처럼 보게 해 주는 선글라스가 발명되면 어떨까? 나는 맨 먼저 살 텐데.

불암산 능선을 가로질러 너무 멀리 갔다가 돌아오는 바람에 한 시간이 넘어 집에 돌아왔다. 저녁 텔레비전 뉴스에서는 무려 일곱 명의 여자를 죽인 연쇄 살인 사건의 용의자가 잡혔다고 난리였다. 그 남자가 버스 정류장에 서 있던 여자들을 자기 차로 유인해 죽인 것에는 아무런 이유가 없다고 했다. 그래서 일반적인 상식으로는 이해할 수 없는 행동을 연구하는 수사관들이 나서서 그의 성격에서 이유를 찾고자 했다. 수사 결과, 그 이유는 바로 그 사람이 '사이코패스'이기 때문일 것으로 추정했다.

엄마와 아빠는 저녁 내내 사이코패스라는 용어를 놓고 열띤 토론을 벌였다. 그것은 그냥 정신병이 아니고, 사회생활을 멀쩡히 하는 사람 중에도 많이 나타나는 '반사회적 인격 장애'라는 것이다. 엄마는 자신이 본 영화 속의 무섭고 비정한 남자 주인공의 예를 들었다. 아빠는 회사에서 간혹 보는 고위직의 냉혈 인간의 예를 들어 열심히 설명했다. 그들이 바로 '양복 입은 뱀'이라면서.

전 인구의 1퍼센트가 남의 감정을 이해 못 할 뿐 아니라, 나쁜 짓을 하고도 전혀 반성하지 않는 사이코패스 성향이 있다는 엄마의 말에 나는 움찔했다. 나도 늘 엄마의 감정을 이해 못 하고, 혼나고 나서도 제대로 반성하지 않기 때문이다. 그럼 나도 사이코패스?

잠자기 전 아빠의 허락을 받아 인터넷으로 사이코패스에 대해 검색해 봤다. 그중에는 PCL-R이라는 자가 진단 테스트가 있었다. 내가 그 테스트를 해서 총합을 내어 보니 9점이 나왔다. 아아, 다행이다. 24점이 넘으면 사이코패스라는데. 점수가 낮아서 기쁜 것은 이번이 처음이다. '거짓말을 입에 달고 산다', '책임감이 없거나 부족하다' 같은 문항에서 '가끔 그렇다 1점'이 아니라 '전혀 그렇지 않다 0점'을 맞았으면 점수가 더 낮을 수 있었는데. 어쨌든 나는 지극히 정상인 보통 사람이다.

세상에는 사이코패스처럼 아무렇지도 않게 거짓말하고 사람을 여럿 죽이고도 태연히 살아가는 사람도 있다. 하지만 그런 사람과 정반대의 도덕적 인간도 있다. 외할머니가 오랫동안 행방을 추적한 비트겐슈타인처럼 자기의 조그만 실수나 가식에 죄책감을 느끼고 오랫동안 고통받는 사람 말이다. 남이 들으면 별것도 아닐 일로 자신을 죄인처럼 여기고, 스스로 벌을 줄 정도로 엄격하다. 그는 나 같은 보통 사람과는 다른, 특별한 인간이다. 나는 그렇게 지나치게 엄격한 사람도 되고 싶지 않다. 비상한 재능과 각별한 도덕성을 가진 사람이 되고 싶은 생각은 전혀 없다. 그렇다고 해서 남들과 똑같은 길, 남들이 좋다고 하는 길을 덩달아 걸을 생각도 없다. 그래서 나는 요새 고민이 늘었다. 무엇을 해야 할지, 무엇을 내가 제일 잘할 수 있을지 정말 걱정이다.

외할머니의 유품인 노트에는 아주 특별한 사람에 대한 이야기가 계속되고 있었다. 외할머니는 그 사람이 노르웨이 빙하가 있는 곳 근처에 은둔한 것을 알아냈다고 썼다. 그는 왜 그렇게 춥고 쓸쓸한 곳에 숨어서 혼자 지냈을까? 자신에게 지나치게 엄격한 사람은 평생 우울과 비탄에서 벗어나기 힘들 것이다. 하지만 때로는 그런 사람도 '보통 사람'이 되려는 욕망에 시달리지 않았을까?

엄마는 침대에 엎드려 외할머니의 청갈색 노트를 읽어 보는 듯하다. 그러나 나는 그것이 30분을 넘지 못하리라는 것을 안다. 집 안을 말끔하게 해 놓고 살아야 한다는 엄마의 청결 강박이 도질 시간이 곧 오기 때문이다. 엄마는 매일 바닥을 두 번씩 닦고, 항상 흰 양말을 신고 지낸다. 그러다 양말이 조금이라도 더러워진 것을 발견하면 다시 움직이기 시작한다. 외할머니가 운 좋게 노르웨이까지 가서야 간신히 만날 수 있었다는 비트겐슈타인이라는 사람도, 일종의 청결 강박이 있는 남자였다. 1937년 봄, 외할머니가 그를 처음 만나던 순간 그가 어떻게 청소를 하고 있었는지 청갈색 노트에 기록되어 있었다.

3

특별한 사람을
만나는 행운

노르웨이 오두막에서

봄이 되었어도 비트겐슈타인의 오두막에 가는 것은 생각보다 힘들었다. 지효와 반 다인은 영국 뉴캐슬에서 증기선을 타고 출발해서 이틀 만에 노르웨이의 베르겐에 도착했다. 베르겐은 오슬로에 이어 노르웨이 제2의 도시인데, 날씨가 수시로 바뀌었다. 산악 열차를 이용해 베르겐 북쪽 마을인 스콜덴에 도착했고, 다시 1.6킬로미터 정도 떨어진 그의 오두막에 가기 위해 항해용 보트를 빌려 타고 호수를 건너갔다. 비트겐슈타인의 오두막은 송네피오르와 연결된, 높은 산으로 둘러싸인 호숫가에 있었고 도로를 통해서 갈 수는 없었다.

지효와 반 다인이 떠나기 전 무어 교수가 그들의 방문을 허락받기 위해 그곳에 편지를 보냈었다. 놀랍게도 2주 후에 비트겐슈타인에게서 답장이 날아왔다.

제가 보내 드린 약도를 보고 저를 방문하실 생각을 하셨다니 놀
랍고도 기쁩니다. 저는 작년 크리스마스는 빈에서 가족과 보냈고
옛 친구들을 만나기도 했습니다. 여름에 그들에게 알리지도 않고
이곳으로 혼자 떠나 왔거든요.

선생님 일행이 겨울에 이곳에 오지 않기로 한 것은 탁월한 결정
입니다. 이곳은 가을부터 날씨가 춥고 습해집니다. 비가 엄청나게
내리거든요. 10월에 첫눈이 내리고, 호수가 얼어붙으면 배를 저을
수 없어 얼음 위를 걸어서 호수를 건너야만 하는데 이것은 저를
불안하게 합니다.

지난가을부터는 언어에 대한 단평을 쓰고 있습니다. 철학의 성과
는 평범한 몇 개의 헛소리와 이해력이 언어의 한계에 부딪힘으로
써 생겨난 혹을 드러내는 데 있다고 생각합니다. 한동안 나에 대
해 많이 신경 썼기 때문에 연구가 잘 진행되지 않습니다. 이곳에
서 너무나 고독하고 우울하지만 여기 머물러야 합니다. 케임브리
지에선 가르칠 수는 있지만 글을 쓸 수는 없었으니까요.

저는 새해 초, 일하다가 사고로 갈비뼈 하나가 부러졌습니다. 이것
을 제거해 버리거나, 아니면 이것으로부터 아내를 만드는 일을 생
각해 보았습니다. 하지만 갈비뼈로 여자를 만드는 기술은 지금은

잊혀서 소용없을 것 같습니다.

무어 선생님, 세미나 일정 때문에 선생님께서 못 오신다니 유감입니다만, 그 두 분만 오셔도 괜찮습니다. 일행 중 한 젊은이는 저를 만나기 위해 미국에서 건너왔고 그동안 저를 찾아다녔다고 하셨지요? 그러나 그들이 여러모로 제 집에서 불편할지도 모르니 미리 이야기해 주십시오.

1937. 2. 20

루트비히 비트겐슈타인

지효와 반 다인이 호숫가의 오두막에 도착했을 때, 매우 초췌하고 마른 몸매의 비트겐슈타인이 셔츠의 단추 두 개를 풀어헤친 차림으로 마루를 청소하고 있었다. 그의 청소 방식은 독특했다. 젖은 찻잎을 마루 위에 뿌려서 더러운 것들이 스며들게 한 후, 그것을 비로 쓸어 냈다. 청결을 염려해서인지 어느 방에도 카펫은 깔려 있지 않았다.

"비트겐슈타인 선생님, 이곳 풍광이 매우 아름답습니다."

지효가 감탄하며 말을 꺼내자, 그가 웃으며 말했다.

"저는 지난겨울에 너무 화났어요. 변덕스러워서 견디기 힘든 날씨입니다. 춥고, 눈과 폭풍이 오고, 바다는 온통 얼음으로 뒤덮이고, 어둠과 탈진 때문에 모든 것이 힘겹습니다."

지효는 비트겐슈타인이 머지않아 그 오두막을 떠나리라는 것을 추측할 수 있었다. 옆에 앉은 반 다인을 곁눈질로 보니 그의 얼굴은 마치 추리 소설에 빠진 듯한 표정이었다. 일주일 동안 함께 지내보니 비트겐슈타인은 까다롭고, 이따금 침울해 했다. 그렇지만 남에게는 신중하고 정직해서 같이 지내기는 불편하지 않았다. 그는 멋지고 매력적이었다. 그 또한 오랫동안 사람을 보지 못한 외로움 탓인지, 지효와 반 다인의 방문을 싫어하지는 않았다.

지효가 러셀 교수와 무어 교수의 안부를 전하고 그간 어떻게 지냈느냐고 묻자, 비트겐슈타인은 쓸쓸한 빛을 살짝 비치더니 이내 명랑하게 대답했다.

"이곳에서의 나의 하루는 연구, 휘파람, 산책, 그리고 우울해지는 것으로 지나갑니다."

그는 건강이 그다지 좋아 보이지는 않지만, 지금의 생활과 관심사에 대해 말할 때엔 생기가 넘쳤다. 대화 중 많은 예와 비유를 사용하고, 남에게 에너지를 불어넣기도 했다. 반 다인과 미국의 추리 소설에 관해 이야기를 나눈 후에는 급속히 친밀감을 느끼는 것 같았다. 두 사람은 오랫동안 숲 속을 산책한 후 오두막으로 돌아오기도 했다.

비트겐슈타인에 대해 지효가 가장 알고 싶었던 것은 자원입대와 포로 생활, 빈 부근 시골 마을에서 교사 생활 중 일어났다는 사건에 대한 이야기였다. 그러나 반 다인은 지효를 강력하게 말렸다. 그는 아주 예민한 사람이어서 개인적 질문에 불쾌해 할 수 있다는 이유에서였다. 지효가 생각해 보니, 비트겐슈타인이 자기의 개인사와 생각을 처음 만난 사람에게 즉흥 문답식으로 술술 말해 줄 리도 없을 것 같았다.

대학 재학 중 2년간 대학 신문 기자로 활약했던 지효가 준비해 간 질문 리스트는 온통 단도직입적인 것뿐이었다.

Q1 1914년 자원입대는 왜 했고 또 포로 생활은 어떠했습니까?

Q2 《논리-철학 논고》는 어떻게 집필했습니까? 또 그 안의 주요 주제는?

Q3 제1차 세계 대전 후 교사가 되기로 한 것과 또 교사 생활을 그만둔 것에는 어떤 개인적 이유가 있습니까?

Q4 지금은 《논리-철학 논고》의 견해와 달리 생각하는 부분이 있나요? 어떤 계기나 누구의 영향이 있었습니까?

Q5 1929년 1월 케임브리지로 돌아온 후, 6월에 박사 학위를 받았고, 1930년부터 1936년 8월 이곳으로 떠나 올 때까지 거의 7년간 강의했는데, 강의 주제는 무엇입니까?

Q6 1933년부터 1935년까지 받아쓰게 했다는 《청색 책》과 《갈색 책》의 내용은 무엇입니까?

Q7 지금 여기서 집필하는 책에 대해 간단히 소개해 주십시오.

지효는 Q1과 Q3와 같은 개인 신상에 대한 의문을 빼고 나머지 학문적인 질문에는 스스로 해답을 찾고야 말겠다고 결심했다. 그의 참모습을 확인하기 위해 대서양을 건너 영국까지 왔기 때문이다. 비트겐슈타인처럼 특별한 인물과 일상 대화를 나누고, 호수가 있는 풍경을 같이 바라보는 일은 멋진 경험이었다. 비가 올 때 쓰라며 선물로 가져간 방수 모자를 주니, 그는 그것을 아주 재미있어했다.

떠나오기 전날 저녁 그들은 미리 준비해 간 프랑스 와인을 곁들여 근사한 만찬을 즐겼다. 오랜 유학 생활 중 음식 만드는 솜씨가 는 지효가 스테이크를 준비했다. 비트겐슈타인은 조금씩 먹고 마셨으며 담배는 전혀 피우지 않았다. 식사 후 비트겐슈타인이 그릇을 씻으려 했지만, 젊은 두 사람이 극구 말려서 결국 반 다인이 설거지를 하게 되었다. 비트겐슈타인은 반 다인이 그릇을 씻는 동안 내내 옆에서 지켜보았다. 반 다인이 충분히 뜨거운 물을 사용하는지, 기름기가 잘 씻겨 내려가는지 걱정하는 눈치였다.

그는 홀로 사는 데 지쳐 보였다. 뒤늦게 그의 거처를 안 친구들에게서 편지가 오니, "선물로 샤워했다"며 기뻐했다. 그는 자신과 친구, 또 가족의 병과 죽음에 대해 생각하고 걱정하는 때가 잦았다. 지효는 강한 햇볕을 쬐기 힘든 숲 속 환경이 그를 더 침울하게 만든 것이 아닐까 걱정이 되었다. 작별하고 나서 뒤돌아본 집의 풍경은 쓸쓸했다. 오두막에 더 오래 머물지 않은 것은, 비트겐슈타인이 원고 집필에 너무나 몰두하고 있었기에 더는 그를 방해하고 싶지 않아서였다.

"모든 재산을 남과 가족에게 나눠 주고 홀가분하게 떠난 비트겐슈타인이 유달리 자기만을 위한 저 집을 갖고 있었던 이유는 무엇일까?"

"가능한 한 평안하게 사색할 수 있는 고독한 은신처를 가지려는 욕구 때문이 아니었을까?"

그곳에서 며칠 머무는 사이 비트겐슈타인에게 흠뻑 빠져 버린 반 다인의 추리였다.

행복한 사람과 불행한 사람의 세계는 달라

런던으로 돌아온 후 지효는, 비트겐슈타인이라는 인물과 그의 철학에 대해 전보다 강렬하게 관심을 가졌고 그의 신비를 파헤쳐 보기로 굳게 결심했다. 그가 노르웨이 오두막에서 집필 중이던 원고는, 언어를 어떻게 배웠는지에 대한 성 아우구스티누스의 설명으로 시작하고 있었다. 이어서 '말놀이(언어게임)'나 '규칙 따르기' 등 생소한 말이 적혀 있었지만, 지효는 그것이 《논리-철학 논고》의 사상에 담긴 내용과 어떻게 다른지 알 수 없었다. 그의 새 연구를 이해하려면 예전 연구를 알아야만 한다는 생각이 막연히 떠올라, 지효는 《논리-철학 논고》를 펼쳐 번호 붙은 구절을 반복해서 읽었다.

반 다인은 약혼녀 클레어의 가족과 어울리고, 고교 동창과 파티에 참석하느라 매일 늦게 들어왔다. 그래서 지효와 함께 비트겐슈타인의 책을 읽고 이야기할 시간이 나지 않았다. 1937년 봄 내내 케임브리지의 대학도서관에서 홀로 공부할 때마다, 지효는 오두막에서 처음 보았던 비트겐슈타인의 모습이 자꾸 떠올랐다. 처음 보는 순간 사람의 마음을 동요시키는 고독한 모습이었다.

"헤이, 찌. 이제 무슨 작업을 하는 거야?"

언제 나타났는지 반 다인이 지효의 어깨를 살짝 두드리며 말했다.

"어, 웬일이야? 오늘은 약속 없어?"

반가운 마음을 숨기며 지효가 물었다.

"너의 임무에 동참하지 않은 데 대해 죄의식이 생겨서 말이야. 놀아도 편치가 않고. 하하하."

그는 남은 수수께끼 풀이가 뭐냐는 질문을 이렇게 돌려서 했다. 지효는 노트의 메모를 보여 주었다. 그것은 노르웨이를 방문했을 때 지효가 준비한 질문 리스트에 비하면 매우 간단했다.

P1. 군대 생활과 포로 시절.

P2. 교사 시절과 그 후.

P3. 1929년 케임브리지로 온 후 철학적 변화.

지효는 변명하듯 급히 덧붙였다.

"나는 아직도 풀지 못한 의문점이 많아. 궁금한 게 너무 많다고."

"결국 너는 비트겐슈타인의 전체 모습을 알고 싶다는 거구나. 좋아. 그의 동료, 친구들, 학생들을 찾아가서 비트겐슈타인과 주고받은 편지 사본을 읽어 보고 그들의 회상을 직접 들어 보면 도움이 될 거야."

반 다인이 지효의 집념에 포기한 듯 두 손을 들며 말했다.

"고마워. 근데 비트겐슈타인과 둘이서 노르웨이 숲을 산책할 때 무슨 이야기를 했어? 전쟁 때 이야기? 그냥 추리 소설?"

"응, 핀센트라는 예전 친구 이야기를 조금 하다가 침울해져서 말을 멈추더라고."

이 말을 하며 반 다인의 기분도 가라앉는 듯했다.

비트겐슈타인은 자신에 대해서도 가혹한 사람이었지만, 남에 대해서도 퍽 까다로웠다. 그는 가식적이거나 교활한 사람, 영리한 척하는 사람을 싫어했다. 데이비드 핀센트는 케임브리지 대학의 수학과 학생이었다. 비트겐슈타인은 쾌활하고 침착한 그와 친해졌고, 1913년 노르웨이로의 휴가 여행에도 동행했다. 전쟁 중이던 1918년 그가 비행기 사고로 사망했을 때, 비트겐슈타인은 자기의 절반이 사라진 느낌을 받았고, 자살을 생각할 정도로 충격받았다. 핀센트는 그의 최초이자 유일한 친구였고 형제나 다름없었기 때문이다. 비트겐슈타인은 나중에 출판된 《논리-철학 논고》를 핀센트에게 헌정했는데, 그것은 그 책을 쓰는 것을 가능하게 만든 행복한 감정이 대부분 핀센트로 인해 생긴 것이기 때문이었다. 전쟁 중 비트겐슈타인의 정신을 철학에 집중할 수 있도록 소생시켜 준 유일한 것도 핀센트가 보낸 편지였다.

비트겐슈타인은 탈장을 여러 번 겪은 탓에 징집 대상이 아니었지만, 1914년 여름, 오스트리아-헝가리 제국 군대에 자원입대했다. 지효와 반 다인은 그가 자원입대한 동기를 알아보기 위해 그의 누이와 군대 시절 그와 친분이 있었다는 비일러 박사에게 수소문해 보았다.

그의 누이 헤르미네는 '지적인 일 이외에 다른 것을 해 보려는 강렬한 소망'이 동기라고 했다. 비트겐슈타인은 다른 사람으로 변하고 싶어 했다. 죽음과 맞닥뜨리는 경험이 자신을 어떤 방식으로든 개선할 것이라 느꼈다는 것이다. 그는 전쟁 중에 근무지가 바뀌었음에도 세계 대문호들의 작품을 읽었고 철학적 연구도 게을리하지 않았다.

독일-오스트리아 동맹군은 러시아군을 상대로 점점 치열한 전투를 치렀다. 1916년 3월 러시아가 발틱 만 측면을 공격하자, 비트겐슈타인은 동부 전선에 보병으로 배치되었고, 그는 마치 살아 돌아오기를 기대하지 않는 사람의 자세로 떠났다고 한다. 비일러 박사는 당시 상황을 묻는 지효의 편지에 친절하게 답장해 줬다.

그는 꼭 필요한 것만 챙겼고, 나머지 모든 것은 부대원에게 나누어 주도록 나에게 부탁했습니다. 이때 그는 자기가 노르웨이 송네 피오르 근처에 연구를 위해 피난처로 이용하는 집을 지어 놓았는데, 그 집을 내게 선물로 주려고 했습니다. 나는 그것을 거절했고 대신 워터맨 만년필을 가졌습니다.

그는 최전방에서 목숨이 위험한 임무에 자원했고, 그 결과 가장 위험한 초소에 배치되었다. 러시아군, 이탈리아군과의 교전에서 세운 공로로 그는 은성무공훈장과 군봉사메달장을 받았고 계속해서 승진했다.

1918년 여름, 나중에 사람들에게 《논리-철학 논고》로 알려진 그의 책이 완성되었다. 전쟁 전 노르웨이에서 연구한 논리학 이론, 전쟁 초 몇 달 동안 만든 명제의 그림 이론, 그리고 전쟁 후반부에 받아들인 쇼펜하우어적인 신비주의, 지난 6년 동안의 연구 모두가 포함되어 있었다.

1918년 11월 휴전 체결 후 그는 연합군 측인 이탈리아군의 포로가 되어 수용소에 보내졌다. 1919년 여름에 풀려나와 오스트리아로 돌아간 비트겐슈타인은 평화 시기에 적응하는 데 어려움을 겪었다. 또 《논리-철학 논고》를 이해하고 출판해 줄 곳을 찾을 수 없었기에 극도의 우울증을 겪었다. 러셀이 출판을 위해 서문을 써 주었지만,

그는 러셀도 자기의 철학을 이해하지 못했다고 생각했다.

1919년 가을 비트겐슈타인은 아버지로부터 상속받은 모든 재산을 또다시 형제들에게 나눠 주었다. 재산 문제를 처리하는 공증인의 눈에 비트겐슈타인은, 돈이 한 푼도 남김없이 사라지기를 바라는 사람, 즉 재정적으로 자살하기를 원하는 사람처럼 보였을 것이다.

러셀에게 원고를 맡긴 후, 여름 내내 비트겐슈타인은 자신의 불행을 극복하기 위해서, '행복한 사람의 세계'로부터 그를 쫓아내려는 '내부의 악마'와 싸웠다. 빈 근교의 수도원에서 정원사로 온종일 열심히 일한 것은 치료 효과가 있었다. 어느 날 그가 친구에게 말했다.

"저녁에 일이 끝났을 때 나는 아주 피곤해. 그리고 그때 나는 전혀 불행하다고 느끼지 않게 돼."

그를 그토록 불행하게 만든 사건은 한 해 전인 1918년 닥친 친구 핀센트의 죽음이었다. 불행감에 시달리는 와중 결국 그는 초등학교 교사가 되기로 하고 사범대학에서 교육을 받은 후, 다음 해 7월 교원 자격증을 받았다. 초등학교 교사로 떠나기 직전, 그가 러셀에게 말했다.

"핀센트가 죽을 때 내 인생의 반을 가지고 떠나갔습니다. 악마가 나머지 반을 가져갈 것입니다."

세상을 그린 그림

여름이 되자 날은 여전히 선선하지만 밝은 햇빛이 비치는 날이 많아졌다. 지효와 반 다인, 클레어는 화창한 주말이면 런던 북쪽의 햄스테드 히스 공원으로 소풍을 다니며 지냈다. 셋은 소풍을 끝내고 집으로 돌아가는 길에 근처 선술집에 들렀다. 맥주를 시켜 놓기만 하고 골똘히 생각에 잠긴 지효에게 클레어가 말했다.

"찌, 고국에 돌아가지 않을 거야?"

"내년에 가겠다고 부모님께 편지를 보냈어."

"비트겐슈타인이 곧 돌아올 거 같아서 그러지?"

반 다인이 다정하게 묻는다.

"그래. 그런데 내가 2층 방을 차지하고 있어서 불편하진 않아?"

"아니야. 네가 미국으로 돌아갈 때까지는 아무 걱정하지 마. 우리 엄마는 너를 아주 좋아하셔. 네가 우리 가족과 우리 집이 싫어지면 그때부턴 클레어의 집에 머물면 돼."

반 다인과 클레어는 얼굴을 마주 보며 웃는다. 클레어의 집은 같은 동네였다.

지효의 머릿속은 비트겐슈타인 생각뿐이다. 그가 곧 돌아올 것이라는 생각에 초조해져서 아직 남은 수수께끼를 푸는 일에 골몰했다.

비트겐슈타인 같은 백만장자가 모든 재산을 포기하고 시골 초등학교 교사로 간 이유를 지효는 이해하기 어려웠다. 《논리-철학 논고》 출판을 위해 원고를 맡기고 나서 비트겐슈타인은 자기가 철학 문제를 다 해결했다고 믿었고, 자기가 번 돈으로만 생활하고 싶었기에 일단 직업을 가져야 했다는 것까지는 이해할 수 있었다. 그러나 하필 왜 시골의 교사였을까?

"반 다인, 비트겐슈타인과 노르웨이 숲을 산책하면서 들은 이야기는 없었어?"

"별로 없는데. 아, 혹시 낭만적인 생각 때문 아니었을까?"

반 다인이 버릇처럼 특유의 추리를 시작했다.

"말하자면 어떤 것?"

"가난한 시골 사람들과 함께 생활하고 일하는 것에 대한 낭만도 있었을지 모르지. 아이들에게 수학을 가르쳐서 지능을 개발하고, 독일어로 된 위대한 고전을 읽게 만들어서 문화 의식을 높이고 싶었을지 몰라."

하지만 1920년부터 1926년까지 몇 군데 학교에서 교사로 일하는 동안 비트겐슈타인이 행복했던 것 같지는 않았다. 그 점은 지효가 그곳을 찾아갔을 때 마을 사람들의 표정과 말에서 느낄 수 있었다.

집으로 돌아와 번(영국식 둥근 빵)을 홍차와 같이 먹으니 마음이 느긋해졌다. 반 다인은 지효 방의 소파에 걸터앉아 《논리-철학 논고》의 책장을 들춰보았다.

"나도 궁금한 것이 있어. 찌, 이 책이 출판된 것이 1922년이잖아. 도대체 비트겐슈타인은 전쟁 중에 어떻게 이것을 쓸 수 있었을까?"

반 다인은 비트겐슈타인에 대해 경탄을 금치 못하는 표정이다.

"많은 부분은 전쟁 초기에, 그러니까 동부 전선에 있을 때 기록했대. 그리고 《논리-철학 논고》의 중요한 내용은 '언어의 그림 이론'이라는 것인데, 내가 알아본 바로는 군대에서 잡지를 읽던 중 아이디어가 떠올랐다고 해."

지효의 설명에 반 다인은 깜짝 놀랐다.

"와, 대단하다. 찌, 그동안 비트겐슈타인을 한 번 더 만나고 오기라도 한 거야?"

"아니야. 며칠 전 만난 그의 친구 폰 리히트에게서 들었어. 비트겐슈타인이 폰 리히트에게 직접 말해 준 이야기래."

폰 리히트가 설명한 바에 따르면 '언어의 그림 이론'이란, '명제는 그것이 묘사하는 세계의 그림이다.'라는 생각이다. 어느 날 비트겐슈타인은 파리에서 일어난 자동차 사고에 관한 소송 기사를 읽고 있었다. 그 재판의 재판정에 자동차 사고가 모형물들로 제시되었는데, 그 축소 모형이 교통사고를 대체할 수 있는 이유는 그 모형의 부분들, 즉 소형 집-차-사람들과 실제로 있는 집-차-사람들 사이에 대응이 성립하기 때문이라는 생각이 그때 떠올랐다. 이 관계에 의해서, 명제가 사태(事態, state of affairs)의 모형 또는 그림으로 이용된다고 말할 수 있겠다는 생각이 든 것이다. 명제의 부분들과 세계 사이에는 유사한 대응 관계가 있다. 명제의 부분이 결합하는 방식은 실재를 이루

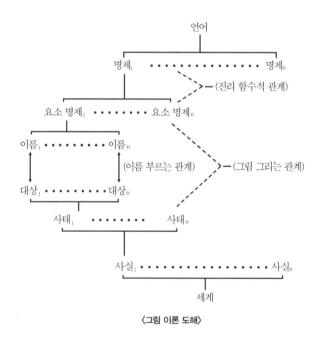

〈그림 이론 도해〉

는 요소들의 가능한 결합, 가능한 사태를 묘사한다.

"그런데 명제가 논리적인 그림이라는 말이 무슨 뜻이야?"

지효가 그림을 그려가면서까지 차분히 설명했지만, 반 다인은 아직 답답하다.

"예를 들어, '풀은 녹색이다.'라는 명제와 풀이 녹색인 사태를 살펴볼까? 사태라는 것은 대상들의 결합 상태를 말해. 언어 쪽 부분인 명제와 세계 쪽 부분인 사태 사이에는 공통적인 논리 구조가 있어. 언어가 실재를 표상할 수 있는 것은 이 구조의 동일성 때문이지. 사고, 생각이라는 건 사실(事實, facts)이 어떨지 이렇게 저렇게 궁리해 보는 것 아냐? 그런 의미에서 이런 그림, 저런 그림을 그려 보는 것이지."

언어와 세계에 대한 동형론(언어와 세계의 구조가 같다는 주장)에 대해 지효가 쉽게 설명하는데도 반 다인은 고개를 갸우뚱하며 말했다.

"그럼 어떤 명제가 이러이러한 의미를 가졌다고 말하는 대신, 이러이러한 상황을 표상한다, 논리적으로 그린다고 말해야 하나?"

"그래. 이름(name)은 대상(對象, object)에 관해 뭔가를 보여 주는 방식일 뿐 대상을 직접 말하는 방식이 아니야. 이름과 대상의 관계는 이 도해에서 보듯이 '이름 부르는(naming) 관계'야. '지칭 관계'라고도 하지. 그런데 명제는 사실에 대해 말할 수 있고, 그 말하는 방식은 다시 '그림(picture)'의 방식이야. 복합명제를 이루는 요소 명제들은, 사실을 이루는 사태와 '그림 그리는 관계'를 이뤄."

"알았어, 알았다구."

이야기가 어려워지자 반 다인은 알았다고 귀찮은 듯 말했다.

"헤이 찌, 그런 표정으로 보지 마. 내가 누구야? 반 다인이라고. 명석하고 냉정한 탐정의 정신을 이어받은 반 다인!"

그렇게 말하면서 반 다인은 소파에서 벌떡 일어나 뭔가 추리하듯 코를 문지르며 방안을 걷기 시작했다. 그러곤 고개 숙인 지효 몰래 구석에 놓인 책상에 다가가 지효의 청갈색 노트를 집어 양복 속에 품었다. 지효와 눈이 마주치자 반 다인은 노트를 떨어뜨리며 놀라는 척했다.

"나, 이 노트 좀 빌려 가야겠어."

지효가 사적인 메모가 있어서 안 된다며 고개를 가로젓자, 반 다인은 대신 《논리-철학 논고》를 집어 들더니 입으로 씹어 먹는 시늉을 한다.

"좋아, 찌. 내가 이번 주 내에 이 책을 완전히 소화하고 올게."

반 다인은 어느새 아래층으로 통하는 계단을 쿵쾅거리며 내려가고 있었다.

말할 수 없는 것은 침묵으로

지효가 클레어와 시장에 갔다가 도착한 것은 점심때가 다 되어서였다. 반 다인은 심각한 표정으로 부엌 식탁에서 메모를 하고 있었다.

"헤이, 그동안 진전이 있었어?"

반 다인은 빈의 과학자와 철학자들이 《논리-철학 논고》의 구절을 음미해 가며 읽었던 것처럼, 일주일째 매일 끙끙대며 《논리-철학 논고》를 한 구절씩 읽었다. 그 사실을 알고 지효와 클레어는 함께 반 다인을 놀렸다.

"그러니까 봄에 지효랑 대학도서관에서 공부 좀 하지 그랬어?"

"내가 무엇을 알아냈는지 모르지?"

반 다인이 큰소리를 치는 것을 보면 뭔가 알아내긴 알아낸 모양이다.

"모두 이리 와 봐. 내가 미스터리를 풀었다니까. 이 《논리-철학 논고》가 이렇게 어려운 이유는 그 스타일 때문이잖아? 이 책은 번호가 붙은 명제로 이루어져 있고, 이 숫자들이 우리를 혼란스럽게 하지."

반 다인의 설명에 의하면, 《논리-철학 논고》의 그 이상한 번호 매기기는 음악적인 성격이 있다는 것이다. 지효와 클레어가 믿지 못한다는 표정을 짓자, 반 다인은 메모지를 펼쳐 보이며 열을 내서 설명했다.

"이봐. 《논리-철학 논고》의 전체 번호는 아무렇게나 매겨진 게 아니야. 명제 n1, n2, n3 등은 명제 n번에 붙은 주석이야. 명제 n.m1, n.m2 등은 명제 n.m 번에 붙은 해석이고, 계속 이런 식으로 나가지. 예를 들면 1.1은 명제 1에 대한 주석이고 1.11은 1.1에 대한 해설이야. 그러나 내가 발견한 것은 세부 해설로 들어간 그러니까 긴 번호의 명제에서 그다음 간단한 번호로 넘어갔을 때 내용이 뚝 끊어지는 것은 아니라는 거야. 예를 들어 2.181, 2.182에서 3으로 가거나 3.143, 3.1431······ 이렇게 가다 3.2로 넘어갈 때 뭐랄까? 음악적인 최고조에 달했다는 것을 느낄 수 있었어."

"알겠어. 소나타의 악장에서도 아주 강하고 웅장한 연주 부분 앞뒤에 여리고 느리거나 잔잔한 연주가 대비돼. 결국은 숫자가 크게 바뀔 때마다 정점으로 고조되어 연결된다는 말이지?"

피아노 연주가 수준급인 클레어가 감칠맛 나는 해설을 덧붙였다.

"그래, 맞아. 바로 그거야. 하하하 영리한 클레어!"

지효도 이제 그 책의 구조에 대해 갑자기 눈이 열리는 기분이다. 반 다인의 특별하고 비상한 관찰력과 직감을 믿기 때문이다.

"역시 반 다인이네! 《논리-철학 논고》의 번호 체계를 분석해서 그 전체 내용을 이해한 거구나?"

"응. 그렇게 본다면 비트겐슈타인이 논리적으로 가장 중요하게 생각한 명제는 일곱 개야. 다른 명제에 대한 주석이 아닌 명제는 일곱 개뿐이거든."

《논리-철학 논고》는 1번부터 7번까지 일곱 개의 명제로 이루어진 책이다. 지효는 새삼 반 다인의 지혜에 감탄한다.

"정말 대단하다. 나는 이 책의 구조를 볼 생각은 꿈에도 못했는데……."

"이 일곱 개를 보면 그 내용을 알 수 있어. 비트겐슈타인은 먼저 세계가 무엇인지 말하고, 그다음 사실이 무엇인지, 그리고 그다음 사고가 무엇인지, 그 다음에는 훨씬 더 길게 명제가 무엇인지를 말했어. 그리고 맨 마지막으로 '말할 수 없는 것에 대해서는 침묵해야 한다'는 유명한 7번 명제가 나와."

"그런데 그 일곱 가지가 동등하게 중요한 것일까? 내가 보기에 그 책의 90퍼센트는 명제의 본성에 대한 거였는데."

지효는 비트겐슈타인의 책에서 그 비중으로 보건대 가장 의미 있는 부분은, '명제가 무엇인가'에 대한 그의 말들이 아니었을까 생각했다. 그림 이론으로 설명하려던 것도, 논리학과 수학의 명제, 과학의 명제, 그리고 철학의 명제 사이에 차이가 있다는 것을 말하려던 게 아니었을까? 반 다인이 전체 구조를 분석해 줌으로써 지효는 많은 것을 깨달을 수 있었다.

세 사람은 점심을 준비하느라 부산하게 움직이면서 잠시 비트겐슈타인에 대해서는 잊어버렸다. 그때 클레어가 정치가인 자기 아버지한테서 들은 암울한 소식을 전해 주었다. 독일의 히틀러는 4년 전 이미 국제연맹에서 탈퇴했고 2년 전에는 군비 재무장을 선언했는데, 이번에 무솔리니가 이끄는 이탈리아조차 국제연맹에서 탈퇴하려고 한다는 소식이었다.

클레어가 돌아간 후 지효는 다시 2층 방에 올라가 노트 정리를 시작했다. 언제 이 뒤숭숭한 영국을 떠나야 할지 알 수 없다는 불길한 생각이 밀려왔기 때문이다. 반 다인이 지효의 기분을 눈치채고 뒤따라 들어왔다.

"찌, 《논리-철학 논고》의 중심 생각은 다 이해한 거야? 나는 커다란 구조는 이해했지만 세세한 내용은 아직 모르겠어."

"아니야. 나도 아직 이해 못 하는 부분이 더 많아."

"아까 우리가 말한 그 7번 명제 있잖아. '말할 수 있는 것은 모두 명료하게 말할 수 있으며, 말할 수 없는 것에 대해서는 침묵해야 한다.'라는 유명한 구절 말이야. 그런데 대체 말할 수 없는 것은 어떤 것일까?"

"윤리나 종교적인 문제는 '사실 명제(事實 命題, factual statement)'로 드러낼 수 없으니, 그런 문제에 대해서는 침묵해야 한다는 뜻이 아닐까? 그런 것에 대한 명제는 경험으로 참 또는 거짓이 증명되는 사실 명제가 아니니까."

"찌, 내 생각엔 그 명제가 멋지기도 하지만, 또 아주 중요한 것 같다."

"내 생각에도 7번은 철학에 대한 관점과 연관이 있어서 중요한 것 같아. 명료하게 말할 수 있는 것을 명료하게 말하지 않을 때, 또는 말할 수 없는 것을 말하려 할 때 철학적 문제가 발생했다는 환각이 스며든다는 게 비트겐슈타인의 진단이야."

"그럼 이전의 철학이 잘못되었단 뜻인가?"

반 다인은 탐정처럼 캐물었다.

"기존의 철학적 문제는 우리 사고가 그림이라는 것을 이해하지 못해서 생긴 결과라는 거지. 모든 철학의 문제는 언어의 논리를 오해하기 때문에 비롯된 것이고, 아예 무의미한(nonsense) 발언이라는 거지."

지효는 마치 비트겐슈타인의 수제자라도 된 양 으쓱해졌다.

"흠. 그럼 그 사람이 완전히 새로운 철학 방식을 제안했다고 말할 수 있을까?"

"그렇지. 철학이란 철학적 명제가 무의미하다는 것을 드러내는

'해체' 행위일 뿐이라는 거지. 철학은 이제 학설이 아니라 '활동'이 되는 거야. 철학은 자연과학에 속하지 않아. 철학의 목적은 사고를 논리적으로 명료하게 하려는 것일 뿐이지."

지효는 이렇게 설명하고 나서 기진맥진해졌다. 철학이 과학과 전혀 다른 것이라는 비트겐슈타인의 주장은 이해했지만, '철학이 정말로 시와 같은 형태로 쓰여야 한다'는 그의 확신은 알 듯 말 듯해 자신이 없었다.

그날 밤 지효는 청갈색 노트에 메모했다.

1937. 8. 19.

1. 비트겐슈타인을 올바로 이해하려면, 그가 청년기였던 당시 빈의 문화적 분위기를 더 잘 이해해야 한다. 《논리-철학 논고》의 중심 메시지는, 언어를 잘못 사용해서 생기는 혼란스러운 사고를 조롱함으로써 언어의 순수성을 보존하려던 카를 크라우스(Karl Kraus, 1874~1936)라는 사람의 문화적 혁신 운동과 연결되어 있음이 틀림없다.

2. 《논리-철학 논고》의 핵심은 '보여 주는 것'과 '말하는 것'을 구분하는 게 아닐까?

3. 《논리-철학 논고》의 마지막 문장 – "말할 수 없는 것에 대해서는 침묵해야 한다"는 논리적·철학적 진리와 윤리적 주장을 모두

표현하는 것 같다. 오로지 볼 수만 있을 뿐인 것을 말하려고 시도할 때 생기는 난센스는 논리적으로 용납될 수 없을 뿐 아니라, 윤리적으로도 바람직하지 않다는.

어느새 시간이 흘러 지효가 비트겐슈타인을 만나기 위해 영국에 온지 1년이 넘었다. 반 다인은 가을부터 의과대학원에 다녔다. 작가가 되는 것이 꿈이었지만, 집안에서 의사가 되라고 압박하고 있었다. 가끔 저녁 늦게 지효를 자동차로 데려가기 위해 그가 대학도서관에 들르곤 했다. 어느 날 늘 같은 창가 자리에서 책을 보고 있는 지효를 보고 반 다인이 신기한 듯 물었다.

"요즘은 무엇을 공부하고 있어?"

"음. 비트겐슈타인이 1929년 돌아와서 1936년 여름에 노르웨이로 가기 전까지 강의한 내용을 살펴보고 있어. 그의 후기 철학이라고 불러도 될지 모르겠어."

"아, 그 러셀 교수 방에서 본 《청색 책》과 《갈색 책》이 최근의 강의록이었지? 너도 사본을 구했구나?!"

반 다인은 눈을 반짝이며 물었다.

"뭐 발견한 거 있어? 젊은 시절 쓴 《논리-철학 논고》와 비교하면 어때?"

"글쎄. 초등학교 교사로 떠날 때 그는 철학의 문제를 자신이 다

해결했다고 생각했었지. 그렇지만 생각이 좀 달라진 것 같아. 그때 영향을 주었다는 소문이 있는 피에로 스라파(Piero Sraffa, 1898~1983)라는 이탈리아 경제학자는 만날 수가 없으니 자세히는 모르겠지만……. 전에 노르웨이에 갔을 때 비트겐슈타인이 집필하던 새 책에 완전히 새로운 개념이 있던 거 너도 봤잖아?"

"응. '말놀이(language game)'랑 '가족유사성(family resemblance)'? 암튼 쉬엄쉬엄 좀 해라. 너 이러다 병나겠다."

반 다인의 집 앞에 차가 멈추자, 현관에서 약혼자 클레어가 서 있다가 손을 흔들었다. 그녀가 들고 있는 것은 지효와 반 다인에게 온 편지였다. 그 편지의 발신인은 바로 비트겐슈타인이었다!

다르면서도 닮은 가족

학원이 밀집한 우리 동네는 먹을거리도 다양하다. 원어민 선생도 많이 오가는지라 온갖 음식이 섞여 있다. 즉석 샌드위치 가게, 비싼 커피집, 스파게티집, 도넛 가게, 베이글 빵집도 있고, 길거리 포장마차에서는 떡볶이, 와플 빵, 또 일본식 문어 빵(다코야키)도 판다. 엄마 심부름으로 나는 번잡한 사거리로 빵을 사러 나왔다. 집으로 돌아오는 길에 빵집이 몇 개나 되는지 세어 보았다. 하긴, 빵만 해도 우리 식구 취향이 너무 다르다. 나는 슈크림 빵을 좋아하고, 누나는 마들렌, 아빠는 머핀을 좋아한다. 엄마가 겉이 바삭한 둥근 번을 좋아하시는 것은 외할머니와의 추억 때문인지도 모른다. 어쨌든 우리 가족은 어떤 때는 남인 듯 서로 너무 다르다.

며칠째 외할머니의 노트를 읽다 보니 비트겐슈타인이라는 이상한 인물에 사로잡혀, 내 귀에서 '~슈타인, ~슈타인'이라는 메아리가 들릴 정도다. 외할머니가 왜 그토록 비트겐슈타인과 그의 철학에 집착했는지는 잘 모르겠다. 그가 신비로운 사람이어서 그랬는지, 그의 사상에 매료됐기 때문인지 알 수 없다. 이제 외할머니의 노트에는 '말놀이'니 '가족유사성'이니 '사적 언어' 같은 어려운 개념이 등장하기 시작했다. 가족유사성이란 말은 어렵지만 좀 알 것도 같다. 하지만 사적 언어라는 말은 처음 들어본다. '말놀이'는 어떤 게임을 말하는 걸까? '끝말잇기'나 ㅅ ㅈ 같은 초성만을 주고 '사자'니 '수저'니 하는 단어를 대는 '초성게임'을 말하는 것일까? 외할머니의 노트를 계속 읽어 보면 그 언어게임이 무엇인지 답이 나오겠지. 외할머니의 노트에 적힌 내용이 점점 어려워져도 손에서 놓을 수 없는 이유는, 내가 게임광이기 때문이다.

내 관심사는 기타와 강아지 머루를 빼면 온통 온라인 게임이다. 요즘 난 액션 실시간 전략 게임이라고도 불리는 AOS(Aeon of Strife의 약자로 대전 액션과 공성전이 결합한 온라인 게임 장르)에 빠져 있다. 간혹 1인칭 슈팅 게임 FPS(First-Person Shooter의 약자)도 하지만, 그 장르에 속한 게임들은 그래픽이 너무 뛰어나 시각적으로 사실 같아서 폭력성을 키운다고 어른들이 걱정하시는 게 일리가 있는 것도 같다. 어쨌든 나는 상대방 진영을 공략하는 전략 게임들과 스포츠 게임들이 더 좋다. 엄마가 컴퓨터에 비밀번호를 걸어 놨기에 늘 허락을 받아야만 해서 가끔은 스마트폰으로 게임을 한다. 또 플레이스테이션 코드를 아빠가 숨겨 놓는 것을 잊어버리는 행운이 간혹 일어나기에, 가끔 그것도 확인해 본다. 콘솔 게임(console game. TV에 연결해서 즐기는 비디오 게임)에 필요한 모든 부품이 다 있는 것을 확인하면 마루에 자리 잡고 앉아 축구 게임 시디를 넣고 신나게 게임을 하면 된다.

나랑 죽이 잘 맞는 우리 아빠에 대해 말하자면, 죄송하지만 아빠가 퇴근 후 하는 건 딱 세 가지뿐이다. 첫째, 가끔 나에게 수학 공부 시키기. 둘째, "상우야, 머루 오줌 뉘러 나가라."라고 시키기. 셋째, 콘솔 게임 하기. 아빠가 가끔 새벽까지 정신없이 빠져 있는 그 축구 게임을 나도 무척 좋아한다. 축구선수를 이적시키고, 체력이며 실력까지 설정할 수 있다. 나는 영국의 맨체스터 유나이티드 감독 역을 좋아한다. 내 선수들에겐 초등학교 시절 친구들의 이름을 붙여 주었다.

아빠와 나는 기분 좋은 공통점이 많다. 축구와 농구도 좋아하고, 〈레슬 매니아〉라는 외국의 레슬링 프로그램도 좋아한다. 그러고 보면 아빠와 나는 모든 게임을 좋아하는 것 같다.

하지만 엄마는 게임을 모르는 사람이다. 어릴 때 소꿉놀이마저 별로 좋아하지 않았다고 한다. 물론 본인의 말이지만. 우리가 게임을 하며 거실에서 크게 웃는 것도 좋아하지 않는다. 아니, 게임이란 것 자체를 싫어하는 사람 같다. 모든 게임이 다 똑같지도 않고, 결정적으로 공통된 나쁜 특성이 있는 것도 아닌데 말이다. 게임은 그저 게임일 뿐이다.

엄마는 만화책도 초등학교 4학년 때 단호히 끊었다고 자랑처럼 말한다. 그 시절엔 만화책이 요즘의 담배나 컴퓨터 게임 같았나 보다. 사실 엄마는 게임 자체 보다는 전자음을 싫어하는지도 모른다. 엄마가 두통을 앓을 때는 조심해야 한다. 엄마는 특이하게도 양쪽 머리가 다 아픈 편두통을 자주 겪는데, 그때마다 냄새나 빛, 반복된 소음에 극도로 민감해지기 때문이다. 누나와 나도 기분이 안 좋으면 머리가 살살 아픈데, 정말이지 그런 면에서 엄마를 닮고 싶은 생각은 추호도 없다.

다섯 살 위인 누나 역시 별로 게임을 좋아하지 않는다. 게임을 좋아하는 순수하고 어린애 같은 면이 조금도 없으니까. 나하고는 정말 다르다. 얼굴로 말하자면 희고 보들보들하다. 누나는 어릴 때부터 별명이 달덩이였다. 눈매를 빼고는 나와 별로 닮은 구석이 없다. 남들은 그래도 우리 남매가 비슷하다고 하니 정말 어이가 없다.

아빠와 나는 눈썹과 매부리코가 비슷하다. 누나는 둥근 얼굴형과 도톰한 입술이 엄마와 닮았다. 앉아 있는 모양이나 전화 목소리도 꼭 엄마 같다. 내가 엄마와 어디가 닮았는지 모르지만, 엄마와 같이 다니면 사람들은 다 내가 아들인 줄 대번에 안다. 어쩌면 눈매나 표정이 같은지도 모른다. 누나도 남들은 다 아빠 딸인 줄 알아보니 정말 신기한 일이다.

우리 가족이 이렇게 조금씩 서로를 닮았다는 사실은 중요하다.

그래서 우리가 한 가족 아니겠는가. 본질이 같지는 않지만 서로 닮았다는 것이 나는 기쁘다. 솔직히 누나랑은 완전 똑같지 않아서 다행이다. 난 달덩이 소리를 듣고 싶지 않다. '가족유사성'이란 어려운 말을 비트겐슈타인이 사용한 것도 혹시 나랑 같은 심정에서였을까?

'말놀이'나 '가족유사성' 같은 이상한 단어를 외할머니의 노트에서 본 이후로, 난 그만 비트겐슈타인이 건 마법에 빠져 버렸다. 외할머니의 노트를 끝까지 읽으면 지금처럼 갑갑한 유리병에서 탈출할 길을 찾을 수 있을까? 철학이 '유리병 속에 갇힌 파리'에게 출구를 가르쳐 주는 것이라는 말이 노트에 적혀 있었던 것을 난 분명히 기억한다.

천재와
보낸 나날

4

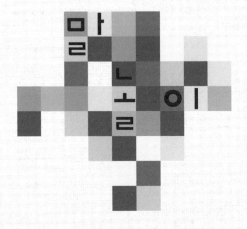

슈퍼스타, 컴백하다

비트겐슈타인의 귀환은 한 장의 편지로 예고되었다.

> 강지효 양 그리고 반 다인 씨
>
> 지난번 제 오두막을 방문해서 즐거운 시간을 갖게 해 주신 것에
> 다시 또 감사 드려야겠습니다. 두 분께서 선물로 주신 방수 모자
> 도 요긴하게 썼습니다. 비가 올 때마다 완벽한 방수 상태를 검증
> 해 보는 재미가 있었습니다. 두 분이 떠난 후, 저는 이 고독한 지옥
> 에서 탈출하기로 마음먹었습니다. 그러나 집필 중이던 원고가 늦
> 어졌고, 이제야 마무리되어 가고 있습니다.
>
> 저는 이곳에서 '말놀이'에 대해 제 생각을 가다듬었습니다. 말놀
> 이라는 용어를 쓴 것은, 언어를 사용해 말한다는 것이 행동의 일

부, 혹은 삶의 한 형태라는 사실을 부각하기 위해서입니다. 사람들은 모든 게임에 공통적인 뭔가가 반드시 있을 것으로 생각하는 경향이 있지요. 그리고 이 공통적 속성이 '게임'이란 일반 명사를 다양한 게임에 적용할 수 있는 근거라고 생각합니다.

여러 가지 게임은 하나의 가족을 만들며, 그것들은 '가족유사성'을 가집니다. 가족 중 일부는 같은 모양의 코를 갖고 다른 몇몇은 눈썹 모양이 같고, 다른 몇몇은 걷는 모습이 같지요. 게임도 이런 유사성이 서로 겹치죠. 이러한 게임과 마찬가지로 말놀이도 참으로 다양합니다! 지시 내리고 복종하기, 사건 보고하기, 가설을 세우고 시험하기, 묻고 감사를 표하고, 기도하기……. 이것들이 모두 말로 하는 게임입니다.

두 분에 대해 자주 생각했습니다. 반 다인 씨, 당신과 함께 영국의 과장된 광고 문구를 흉내 내며 담소를 나누던 일이 생각납니다. 종일 활기찬 유머로 웃음을 터트리게 하던 에너지 넘치는 강지효 양도 자주 기억났습니다. 친구와 같이 '이야기를 꾸며 내고', '농담하는 것' – 이것들도 제가 가장 그리워하는 '말놀이'입니다. 저는 12월 중순경 영국으로 돌아갈 예정입니다. 그때 다시 한 번 즐거운 대화를 나눌 수 있기를 바랍니다.

1937. 10. 23.

L. W.

크리스마스 직전 비트겐슈타인은 반 다인의 집을 방문했다. 식사 중 그가 다음 해 4월부터 다시 케임브리지에서 강의를 시작한다는 말에 지효는 펄쩍 뛰며 기뻐했다. 이제 그의 강의록 사본을 혼자 이해하려 애쓰지 않고 직접 그의 말을 들으면 되니 말이다. 비트겐슈타인은 노르웨이에서 만났을 때보다 수척해지긴 했지만, 나이보다 훨씬 젊어 보이고 묘하게 매력적인 모습은 그대로였다. 그는 반 다인의 집에서 약 일주일을 머물며 휴식했다. 그동안 지효는 틈틈이 궁금증을 풀었다.

"비트겐슈타인 선생님, 노르웨이에서는 연구에 커다란 변화가 있으셨습니까?"

"갈 때는《갈색 책》을 보완하려고 들고 갔는데, 가서는 전혀 다른 책을 썼지 뭡니까! 그런데 지효 양은 그동안 무엇을 하고 있었나요?"

"저는 그동안 대학 도서관에서 선생님의 강의록을 읽었습니다. 그런데 선생님, 제가 선생님의 강의를 청강해도 되겠지요?"

"물론이지요."

비트겐슈타인은 흔쾌히 허락했다.

비트겐슈타인은 매일 산책하는 것을 즐겼다. 그와 같이 햄스테드의 좁은 골목길을 산책할 때마다 지효는 궁금한 것을 물었다.

"선생님, 그 '논리학을 구현한 저택'을 저도 본 적이 있습니다. 작년에 오스트리아에 선생님이 계신 줄 알고 거기로 찾으러 갔거든요."

비트겐슈타인은 놀라는 표정이다.

"아, 내 누이 그레텔을 위해 파울 엥겔만과 내가 같이 작업한 집 말이죠?"

"예. 그 집이 1928년 완성되어서 막 청소를 하려던 순간, 홀처럼 넓었던 어떤 한 방의 천장을 3센티미터 들어 올리게 하셨다면서요?"

"나는 설계된 대로 정확하게 하고 싶었을 뿐이오. 현장의 기술자들이 내 마음을 이해 못 했어요. 심지어 어떤 열쇠공은 나한테 '엔지니어 선생, 밀리미터가 당신에게는 정말로 그렇게 중요한지 말해 보시라'고 거칠게 대들더군요."

"그래서요?"

"뭐…… 나도 너무나 화가 나서 '그렇다!'라고 소리쳤지요."

지효는 아늑한 가정집으로는 전혀 보이지 않았던 그 집을 떠올렸다. 그 집의 특징은 명료성, 엄격성, 정밀함…… 정말이지 논리학 체계에서 추구하는 특성들이다. 그의 누이 하나가 그 집을 인간보다는 신들을 위한 숙소로 보인다고 말한 것에 지효는 동감한다. 카펫, 샹들리에, 커튼도 없었고, 창문, 문고리, 라디에이터의 쇠붙이는 칠하지 않은 채로 있었다. 초반에는 엥겔만과 같이 작업했지만 점점 비트겐슈타인이 맡아서 작업했기에 사실 그 건물은 그 혼자의 작품이라 할 수 있다.

비트겐슈타인이 당시 기억을 떠올리는 것을 별로 내켜 하지 않는 것 같아서 지효는 화제를 돌렸다.

"케임브리지로 돌아오신 기분이 어떠세요?"

"1929년에 돌아왔을 때는 마치 시간이 거꾸로 흐르는 것 같았지요. 1913년에 헤어졌던 바로 그 사람들 일부에게 마중을 받았거든요. 정말 이상하고 섬뜩했어요. 그렇지만 이번은 1년 반 만이니까요. 별 느낌은 없어요."

지효는 다시 기회가 없을지도 모른다는 조바심에 용기 내어 물었다.

"선생님,《논리-철학 논고》의 사상은 버리신 겁니까?"

"아닙니다. 아, 물론《논리-철학 논고》에는 지금 내가 동의하지 않는 많은 주장이 있지요. 다만 여러 수학자, 경제학자와 토론하면서 그림 이론을 신선한 관점에서 보게 되었지요. 이제 인류학적 관점에서 철학적 문제를 보고 있습니다."

'아니, 대체 이건 무슨 말이지?'

지효는 다시 긴장했다. 만만치 않은 수수께끼가 다시 눈앞에 다가온 느낌이 들었기 때문이다. 아무래도 비트겐슈타인이 1929년에 케임브리지 대학에서 강의한 내용을 단번에 이해하려고 할 것이 아니라, 그의 강의를 들으면서 서서히 이해해 가려고 노력해야 한다는 생각이 들었다.

수수께끼 같은 사람

해가 바뀌어 1938년이 되었다. 2월이 되자 지효는 케임브리지에서 하숙하기 위해 짐을 옮겼다. 곧 시작되는 비트겐슈타인의 강의를 듣기 위해서 대학과 가까운 곳으로 이사할 필요가 있었다. 새로 이사한 동네도 마음에 들었다. 영국인들은 정원 가꾸는 데 무척 관심이 많았다. 자전거를 타고 지나가면서 집집이 마당에 놓인 예쁜 화분들과 잘 가꾸어진 정원수를 보는 것이 지효에겐 큰 즐거움이었다.

지효는 봄부터 시작될 비트겐슈타인의 강의를 듣기 위해 예습을 많이 했다. 본격적으로 강의가 시작되기 전에 그의 철학에 어떤 변화나 연속성이 있는지 대강 이해하고 싶었기 때문이다. 그러나 속으로는 그의 강의를 잘 알아듣지 못하게 될까 봐 내심 두렵기도 했다.

비트겐슈타인의 강의를 들으러 오는 사람들 중에는 동료 교수도 있다고 했다. 그의 강의는 혼자 생각에 도달하기 위해 사투를 벌이는 것 같은 독백과, 진리가 나오기를 기다리는 숭배자들의 모임으로 악명 높았다. 처음에는 호기심에 들어왔다가 그 분위기를 견디다 못해 강의실을 떠난 사람도 있다고 했다. 어떤 노교수는 겉으로는 비트겐슈타인을 반겼지만 속으로는 그를 케임브리지의 재앙으로 생각했다고도 한다.

지효가 도서관에서 만난 한 학생은 비트겐슈타인의 명성에 대해 계속 떠벌렸다. 1930년 강의를 시작할 무렵부터 그가 이미 케임브리지의 엘리트에게 전설적 인물로 통했다는 것이다. 당시 《논리-철학 논고》는 대학에서 벌어지는 열정적인 지적 논의의 중심에 있었다.

주말이면 가끔 지효는 런던으로 가서 반 다인과 클레어와 어울렸다. 머리를 식히는 데는 친구들과 대화하는 것이 제일이다. 반 다인도 지효를 보고 반색했다.

"하숙하는 것은 좀 어때? 클레어의 빵과 케이크가 그립진 않았어?"

"찌, 요새 런던에는 주말에나 오고. 왜 그래? 미스터리가 아직도 남은 거야?"

클레어도 이마를 찌푸리며 한마디 거들었다.

"아니야. 비트겐슈타인 선생은 정말 수수께끼 자체야."

"그런데 너희 들었어? 선생에 대해 괴상한 소문이 들리더라?"

클레어의 말에 반 다인과 지효는 동시에 같은 말을 했다.

"뭐? 어떤 소문?"

"비트겐슈타인이 마루에 누워 천정을 보면서 강의를 했다는 말도 있고. 얼마 전엔 터키에서 염소 떼를 몰고 있는 것을 봤다는 소문도 있더라고!"

"뭐라구? 그건 그를 두려워하거나 싫어하는 사람들이 만들어 낸 헛소문이야!"

지효는 민감하고 신경질적인 자신의 반응에 자기도 놀랐다. 지효는 더 이상 고민을 숨길 수 없음을 깨닫고 반 다인에게 털어놓았다. 반 다인은 소크라테스와 같았다. 그와 서로 묻고 대답하고 있으면 어느새 실마리가 풀리고 앎에 도달하는 경우가 많았다.

"요즘 내 의문은 빈 학단과 그의 관계야."

"흠. 같이 모여서 그의 《논리-철학 논고》를 한 줄 한 줄 읽었다는 철학자와 과학자 그룹 말이지? 프리드리히 슐리크(Friedrich Albert Moritz Schlick, 1882~1936), 프리드리히 바이스만(Friedrich Waismann, 1896~1959), 루돌프 카르나프(Rudolf Carnap, 1891~1970) 같은 사람들 아냐?"

"맞아. 그 회원들은 '명제의 의미는 그것의 검증(檢證, verification. 참인지 확인해 보는 것을 말하고 veri는 참true의 의미다) 방법'이라는 원리를 교리처럼 주장했어. 그렇게 검증을 요구하는 원칙이 비트겐슈타인의 고유 사상이라고 그들은 생각했거든."

"그런데?"

"내가 읽고 있는 비트겐슈타인의 강의록 사본에는 다른 말이 나와. '어떤 문장이 아무런 검증 수단을 갖고 있지 않다는 것은 그 문장 안에 이해할 만한 것이 아무것도 없다는 뜻이 아니라, 그것에 관한 중요한 그 무엇을 이해했다는 뜻이 되기도 한다.'"

"잠깐만! 찌, 예전에 비트겐슈타인은, 관찰로 참인지 거짓인지 확인할 수 있어야만 의미 있는 문장이라고 이른바 '경험주의자의 기준'을 말했잖아. '비가 내린다.'라는 문장은 경험 세계를 통해 확인해 봄으로써, 즉 비가 실제로 내리는지 직접 관찰함으로써 진릿값이 결정되니까 경험적으로 유의미한 문장이야."

"그렇지. 그래서 논리실증주의자들도 형이상학적인 발언, 윤리적인 발언은 검증할 수 없는 문장이기 때문에 철학에서 내쫓아야 한다고 주장했잖아. 자연과학의 문장들처럼 경험적으로 유의미한 문장이 아니라서 말이야."

"그래 지효 네 말이 맞아."

"그런데《논리-철학 논고》의 제일 중요한 생각은 그것이 아니라는 말도 있더라고. 삶의 의미, 실존, 윤리에 관한 문제들이 더 중요하다는 해석이 나오고 있어. 하지만 '의미'가 무엇인지를 묻는 방식을 통해 질문을 던졌다는 것이 비트겐슈타인만의 특징이지."

"그렇다면 찌, 무엇이 달라지고 있다는 거야? 검증에 대한 생각?

흠…… 아, 정말 복잡하구나."

"그래. 알 듯 말 듯하다니까. 첫 번째 은신 후 1929년에 케임브리지로 돌아왔잖아. 그때 비트겐슈타인이 했던 강의의 강의록을 내가 지금 읽고 있어."

"아무튼 강의록 사본에 나온 그 아이디어 자체는 좀 알 것 같지 않아? 어떤 문장은 참인지 확인해 볼 수단이 없지만, 그래도 나는 무엇인가 이해할 수 있는 듯한 그런 경우가 있잖아. 예컨대 신의 존재에 대한 말들도 그렇지 않을까?"

"그렇다면 반 다인, 비트겐슈타인이 케임브리지로 돌아온 후 정작 본인은 《논리-철학 논고》의 주장에서 빠르게 멀어지고 있었고, 이 사실을 그들이 알아채지 못한 거라고 봐야겠네?"

"그렇지 뭐. 그런데 왜 그런 사실을 빈 학단의 사람들에게 말하지 않았을까?"

이번에는 반 다인이 고개를 갸우뚱했다.

"글쎄. 어쩌면 자신도 계속 생각을 가다듬고 있었거나 자기 강의나 발표를 남들이 멋대로 이용하는 데 점점 과민해졌을지도 모르지. 회원 중 일부와 문제가 있었을 수도 있고. 그래서 자기가 강의에서 학생들에게 구술한 철학적 단평을 정리해 출판할 생각을 하고 있다고 전번에 우리에게 말한 것일까?"

두 사람은 말을 멈추고 침묵에 잠겼다. 그들이 짐작할 수 있는 것은, 비트겐슈타인이 1936년 여름 노르웨이 오두막으로 다시 한 번 은둔했던 것은 중요한 이유가 있다는 것뿐이었다. 그의 철학은 조금씩 변한 것일까? 아니면 이번에는 아주 근본적으로 변한 것일까? 하지만 그의 사상이 왜, 그리고 어떻게 변하고 있는지 지효는 알 수 없었다.

말놀이를 하는 우리

드디어 그의 강의가 시작되었다. 지효가 아는 비트겐슈타인은 개인적으로는 남에게 친절하고 이해심이 깊어 친구도 많은 사람이었다. 어떤 친구와는 정치적이고 세속적인 대화를 나누었고, 또 어떤 친구와는 종교적이거나 개인적인 고민을 주로 이야기했다. 그러나 강의실에서는 달랐다. 그의 성격도 점점 타협을 모르는 위압적 성격으로 바뀌어 가는 것 같았다.

비트겐슈타인의 강의 스타일은 매우 따라가기 힘들었다. 그는 노트 없이 강의했고, 학생들 앞에서 혼자 중얼거리며 서 있는 것처럼 보였다. 강의를 멈춘 후 위로 올린 자기 손을 바라보며 앉아 있다가 "나는 멍청이야!"라고 자기의 우둔함을 저주하기도 했다. 그러는 동안 학생으로 가득 찬 강의실에는 적막이 흘렀다. 헛기침 소리만 들릴 뿐 아무도 비트겐슈타인을 방해하려고 말을 꺼내지 않았다. 간혹 용

천재편 4

감한 학생이 자기의 무지를 드러내는 질문을 함으로써 적막을 깨지 않았다면 지효는 숨이 막혀 버릴 수도 있었다. 비트겐슈타인의 말과 글은 아무 체계도 없어 보여서 많은 사람을 당황케 했다. 그러면서도 사람들은 그의 문체를 수수께끼처럼 여겼다.

지효는 열심히 공부했다. 비트겐슈타인이 1930년대부터 노르웨이로 떠나기 전까지 진행했던 이른바 중기 연구는 《논리-철학 논고》와 접근 방법이 약간 달라졌다. 《논리-철학 논고》는 언어를 환경과 분리해서 다룬 것에 반해, 요즘 연구는 언어를 사용하는 사람의 삶, 그들이 속한 문화의 연장 선상에서 의미를 찾아야 한다고 강조했다. 그가 최근 들어 자주 언급하는 '말놀이'는, 언어의 문제를 언어 사용 집단의 '삶의 양식(forms of life)'과 분리해서 생각할 수 없다는 뜻을 내포한다.

비트겐슈타인은 요즘 들어 자주 집을 짓고 있는 인부와 그의 조수 사이에서 벌어지는 일을 예로 들었다. 인부가 '벽돌'이라고 말하면 조수는 그 말한 것을 가져온다. 그들은 여기에서 원초적인 언어를 사용해서 말놀이를 하는 셈인데, '벽돌'이라는 말은 '벽돌을 가져오라'는 의미를 지닌다. '벽돌'이라는 말의 의미는 그 말이 가리키는 대상 즉 단단한 벽돌이 아니다.

지효는 이 예가 머리에 쏙쏙 들어왔다. 태권도 사범이 격파 시범을 보여 주는 훈련생에게 '벽돌'이라고 말할 때는 다른 일이 벌어진

다. 이때 '벽돌'이란 말에는 '벽돌을 깨라'라는 의미가 있기 때문이다. 이들은 다른 종류의 말놀이를 하는 것이 아니겠는가. 이제 지효는 한 언어적 표현의 의미가 그것이 어떻게 사용되느냐에 따라 결정된다는 '의미 사용이론(use theory of meaning)'을 잘 이해할 수 있었다.

비트겐슈타인은 강의에서 '말놀이'는 언어와 그 언어가 뒤얽혀 있는 활동들 전체라고 말했다. 언어를 말한다는 것은 어떤 활동의 일부, 또는 삶의 양식 일부이고 이 말놀이들은 삶의 양식, 실천에 따라 아주 다양하다. 이제 지효는 비트겐슈타인이 노르웨이의 오두막에서 돌아온다는 것을 알리는 편지에서 썼던 말을 이해할 것 같았다. 거기서 그는 말놀이 또한 다른 게임들처럼 서로 비슷하고 다양하며 '가족유사성'을 가진다고 말했었다. 똑같이 공을 갖고 하는 게임이지만 그 게임들은 네트가 있는 것도 있고 없는 것도 있고, 네트가 있어도 라켓을 들고 하는 것도 있고 라켓을 쓰지 않는 것도 있다. 모든 게임에 공통점은 없지 않은가. 게임들처럼 '말놀이'라는 게임도 서로 겹치고 교차하는 유사성이 있을 뿐이다.

지효는 저녁이면 집에 돌아와 자기의 청갈색 노트에 강의를 들은 감상이나 철학적인 생각을 꼼꼼히 기록했다. 보스턴을 떠나기 전 철학을 공부하려고 마음을 굳히고 이제껏 연구한 끝에 비로소 지효는 철학적으로 생각하고 글을 쓰는 습관이 든 자신을 발견했다.

1938. 4. 9.

1. 수척하고 아름다운 모습 − 오만한 입술, 냉소에 차 있으면서도 밝게 빛나는 커다란 눈, 주름진 이마, 그리고 철학에 대한 헌신. 우리는 모두 그에게서 강렬한 인상을 받는다. 강의실에서 그는 마치 길 잃은 시인 같다. '철학은 정말로 시적인 글로 쓰여야 한다'고 그도 언젠가 말한 적이 있었다. 나는 그것이 철학에 대한 자신의 태도를 정확히 요약한 것이라고 생각한다.

2. 오늘 강의에서 비트겐슈타인은 자신의 철학관을 설명했다. 철학은 특별한 종류의 수수께끼, 즉 '언어의 수수께끼'를 제거하는 시도라고. 우리는 언어의 문법적 특징을 빠뜨리지 않고 설명함으로써 수수께끼를 제거할 수 있다. 우리가 '시간이란 무엇인가?', '수란 무엇인가?', 혹은 '의미란 무엇인가?' 등과 같은 질문을 할 때, 언어 안의 어떤 유사성 때문에 철학적 문제에 부딪힌다. 이 문제들은 해결할 수 없다. 언어의 오용에서 생겨난 무의미한 문제들, 이것은 '언어가 휴가 갔을 때' 생겨난다.

지효는 '언어가 휴가 갔을 때'라는 말을 잘 이해할 수 없었다. 언어가 휴가를 가 버린다면? 지효는 미국 유학 초기에 영어 문제로 겪은 난처한 경험을 떠올렸다. 외국어는 몇 해 동안 잘 사귀어 마음이 맞는 애인 같다가도, 다른 문화에서 오래 살다 온 사람에게는 가끔 변덕을 부리고 골탕을 먹인다. 특히 코미디 프로그램을 볼 때는 모두가 웃는데 지효 혼자만 웃지 못했다. 그 당황스러운 순간 외국어는 오직 지효에게만 고장 난 시계가 되어 버렸다. 외국 문화의 유머를 이해하려면 그들과 같은 방식으로 세상을 볼 수 있어야 한다.

그런데 이것이 모국어의 경우에도 해당한다는 말인가? 언어는 그 언어를 사용해 여러 가지 놀이를 하는 사람들의 삶, 같은 집단의 삶의 방식이나 행동과 어떤 관련이 있다는 걸까? 휴가는 집이나 자기 마을을 떠나는 것을 말하는데, 언어가 휴가를 갔다는 말은 어떤 언어적 표현들이 본래의 고향인 말놀이를 벗어났다는 의미일까? 우리가 낱말들의 사용을 제대로 보지 못하게 되고, 우리 언어의 형식에 대해 오해해서 문제들이 생겨나고 또 무의미한 물음을 던지는 상황을 말하는 것일까? 지효는 수수께끼를 푸는 사람처럼 끝없이 묻고 대답해 본다.

언어가 휴가를 간 날

나는 외할머니가 '언어가 휴가를 간 날'에 대해 쓴 이야기가 무슨 뜻인지 어렴풋이 알 것도 같다. 초등학교 때 2년 동안 미국에 살면서 학교에 다녔는데, 그때 난 학교 친구들의 말을 알아들을 수 없었다. 그들도 나와 마찬가지였을 것이다. 그런데 이렇게 외국에 갔을 때나 일어나는 일이 우리말을 하는 사람 사이에서도 일어난단 뜻인가? 나는 언어와 삶의 관계를 약간 알 것도 같다.

내가 클래식 기타를 배우고 몇 년이 지나도록 음악은 손가락이 아니라 몸 전체로 연주하는 것이라는 선생님의 말씀을 이해하지 못했다. 왼손의 힘을 빼면서도 각 관절을 느끼라는 주문도, 소리를 더 잡으라는 가르침도 도대체 어떻게 하라는 것인지 이해할 수 없었다.

하지만 기타를 배운지 4년 정도 되니 그 말을 찰떡처럼 이해할 수 있게 되었다. 나보다 세 살이나 어리지만 훨씬 일찍 기타를 시작하고 연습량이 많은 민규와는 서로 무슨 말을 하는지 길게 설명하지 않아도 잘 통한다. "세밀하게 잘 친다"고 하거나 "박자가 절룩인다" 또는 "지나치게 진지하다"고 서로 연주에 대해 평할 때도 그렇다. 또 콩쿠르에 나갔을 때 다른 선생님 제자들의 연주를 듣고, "겉멋만 들었다"고 욕할 때나 "터치가 꽝"이라고 흉을 볼 때도 그것이 무슨 말인지 우리는 서로 알아들을 수 있다.

그런데 요즘 장벽이 하나 생겼다. 내가 기타와 음악에 대해 말할 때 엄마와 아빠는 가끔 외국어를 듣는 듯한 표정을 짓기 때문이다. 어제 내가 아르헨티나에서 온 유명한 기타리스트의 마스터 클래스에 참석하고 온 후에도 그랬다.

"어땠냐?"

"뭐가?"

"유명한 사람한테 갔다 왔잖아! 연주는 어떻고, 뭘 배웠느냐고."

엄마는 신경질적으로 말한다. 아마 내가 딴청을 피워서 화가 난 모양이다.

"엉. 나는 그렇게 뭉개는 스타일은 별로 좋아하지 않지만……."

내가 말을 채 맺기도 전에 아빠는 버럭 언성을 높인다.

"뭉개는 게 뭐야?"

"……."

"새로 배운 게 뭐냐고 묻잖아. 그렇게 건방지게 말하지 말고."

나는 한 음 한 음 신경 써서 표현하고 짧고 여리게 연주하는 음도 지나가는 음으로 무시하지 않는 연주를 해야 좋다고 생각하는데, 그 유명한 연주자는 엄청나게 빠르고 가끔 부정확하게 뭉뚱그려 친다는 것을 말하고 싶었을 뿐이었다. 그렇지만 어떻게 그렇게 길게 설명한단 말인가. 어쨌든 엄마와 아빠는 내 진로 문제와 음악적 성과에 예민한 나머지, 내가 배우려는 자세는 갖지 못할망정 비판하려 든다고 못마땅해 하는 거다. 우리는 마치 서로 다른 언어로, 서로 다른 문법에 따라 말하고 사는 사람들 같다.

"저도 배운 게 뭔지 잘 모르겠어요."

나는 볼멘소리로 말하고 내 방으로 들어와 버렸다.

생각해 보니 갑갑하기도 하고 억울하기도 했다. 새로운 앎, 깨우침을 어떻게 설명한단 말인가. 이것은 지식이고 저것은 아니라는 것을 나타내는 그 무엇이 있다는 말인가? 하지만 기타 선생님과 나, 나와 민규는 서로 가르치고 배우고, 명령하고 따른다. 같은 '삶의 세계'에 있는 우리끼리는 같은 '삶의 양식'을 누리고, 서로의 말을 대번에 알아듣는다. 우리는 같은 게임의 규칙을 따른다. 축구장 안에서 축구 시합이 벌어지는 것처럼, 우리는 언어 안에서 말로 게임을 능숙하게 하는 것이 아닐까. 외할머니 노트에도 그 철학자가 비슷한 말을 한 것 같다.

몇 달 전에는 기타 선생님께서 내 연주에 대해 '터치가 좋다'고

칭찬했는데, 집에 와 자랑을 하자 아빠는 그게 어떤 거냐고, 무슨 뜻이냐고 물으셨다.

"손가락 끝의 살과 손톱 사이에서 소리가 나는 것처럼 아주 가볍게 튕겨 주는 걸 말해."

내 말에 엄마와 아빠는 크게 웃었다. 내 설명으로 이렇게 웃으면서 넘어가는 때가 많지는 않다. 아마도 엄마와 아빠는 눈에 보이는 것, 본질적인 것을 가리키기를 원하시는 것 같다. 하지만 우리가 말을 할 때, 여러 가지 언어게임을 할 때, 우리가 쓰는 단어가 항상 한 가지 고정된 뜻만을 나타내지는 않는 것 같다. 가끔 우리 집에서 언어는 휴가를 간다. 언어가 빈둥대며 일손을 놓고, 내 말이 헛도는 것을 느끼면 나는 얼른 말문을 닫고 내 방으로 도망친다.

5

다가오는
검은 구름

1급 혼혈아

1938년 초여름이 되기 훨씬 전부터 비트겐슈타인은 눈에 띄게 초조한 기색이었다. 그것은 나치 독일과 관련된 오스트리아의 정치 상황 때문이었다. 그는 오스트리아에 남아 있는 가족의 안전을 염려했다. 그는 유대인이었다. 곧 쉰을 바라보는 그에게 1938년은 잔인하고도 심란한 해임이 틀림없었다.

지효는 그가 국적을 바꾸기로 했다는 것을 반 다인으로부터 들어서 잘 알고 있었다. 지난 3월 12일 오스트리아가 독일에 합방되었다는 소식을 듣고, 반 다인은 더블린으로 그를 찾아갔다. 비트겐슈타인은 반 다인의 얼굴을 보자마자 흥분을 숨기지 못했다.

"무서운 변화가 일어났소. 어제와 오늘, 나와 우리 가족은 달라졌어요. 아시겠소? 어제는 오스트리아 시민이었는데 오늘은 독일의 유대인이 된 것이오."

"……."

반 다인은 아무 말도 할 수 없었다. 비트겐슈타인이 당장 빈의 가족에게 가고 싶어 했지만, 나치 독일이 그의 오스트리아 여권을 압수할지도 모를 일이었다. 새 여권을 발급받지도 못할 것이고, 그러면 영국으로 돌아오지 못할 것이다. 그가 몹시 기분 상해 있는 것은 틀림없었다.

"합방은 내게는 너무나 무서운 일이오. 이제 내가 절대로 인정하지 않는 권력에 복종해야 하기 때문이오."

비트겐슈타인은 계속 탄식했다. 이제부터 독일 국민이라는 것을 생각만 해도 소름이 끼치는 모양이었다.

"빈으로 가실 생각이십니까?"

"스라파와 또 다른 친구들이 말리고 있소. 지금 가족을 도울 수도 없고, 내가 가면 오스트리아를 떠나도록 허락받을 가능성도 전혀 없기 때문이지요. 케임브리지에서 5년간 조교수로 있었고 새 학기에도 강사직을 쉽게 맡을 수 있을 터이니, 이제 영국 시민권을 신청하려고 합니다."

반 다인이 자세히 설명해 주지 않아도 지효는 그의 기분을 짐작할 수 있었다. 지효의 조국도 그녀가 태어나기 몇 해 전 일본에 강제 병합되어 있었기 때문이다.

1935년 선포된 나치의 뉘른베르크법은 유대인의 독일 시민권을 박탈했고 유대인이 아닌 독일인과의 결혼을 금지했다. 유대인들은 게 토라는 유대인 거주 지역에서만 살아야 했다. 그렇지만 오스트리아의 경우 많은 유대인이 고위직에 있었고 유대인이 아닌 사람과 결혼도 많이 해서 주류 사회에 잘 동화되어 있었다. 이러한 이유로, 비트겐슈타인 가족은 유대계 오스트리아인이었지만 1938년 나치 독일과 병합이 임박했을 때도 크게 염려하지 않았다. 아니, 오스트리아에 사는 유대인 대부분은 뉘른베르크법이 오스트리아에서는 잘 시행될 수 없으리라 순진하게 믿었다.

그러나 비트겐슈타인은 올해 초부터 나치 지도자들이 오스트리아 정부 각료가 되고, 점차 위기가 고조되는 과정을 자세히 관찰하고 있었다. 결국 독일 군대가 아직 독립 국가였던 오스트리아 국경에 집결했고, 그 다음 날인 3월 11일, 나치 지도자가 새 수상에 취임했다. 다음 날인 12일에 히틀러와 독일 군대가 국경을 넘어와 독일과의 합방이 공식적으로 이루어졌다. 이 3일 동안 비트겐슈타인과 그의 가족의 신분이 극적으로 변했기에 비트겐슈타인이 그토록 흥분했던 것이다.

예전에는 비트겐슈타인이 영국인에 대해 좋게만 말하지 않았기 때문에, 지효와 반 다인은 그가 영국인이 되기를 바라지 않을 줄 알았다. 그러나 현재 그는 두 개의 새 국적 중 하나를 선택해야만 하는 상황에 있다. 하나는 그의 모든 것을 빼앗아 갈 것이며, 다른 하나는 성인이 된 후 최상의 연구를 할 수 있는 환경과 친구를 만들어 준 나라에서 일할 수 있도록 허용할 것이다. 비트겐슈타인은 영국 시민권을 신청한 후, 가족을 걱정하면서도 강의와 연구에 몰두했다.

비트겐슈타인은 남들에게 여전히 태연한 척 어떤 내색도 하지 않았다. 그는 예전에 사용한 적이 있는 대학의 연구실로 돌아왔다.

비트겐슈타인은 케임브리지에 있으면서 수학이나 철학 일반뿐 아니라 미학과 종교적 믿음에 대해서도 강의했다. 여름에는 노르웨이에서 썼던 글을 기초로 만들었던 타자 본을 출판하려고 준비하기도 했다. 그가 신이나 부활을 믿는지 지효는 잘 알 수 없었다. 분명한 것은, 종교적 믿음을 갖는 데 '이유'를 가질 필요는 없다고 그가 주장했다는 점이다. 가톨릭 신자인 지효는 이에 대해 관심이 많아 비트겐슈타인과 대화를 나누었다.

"선생님, 지난번에 무신론자나 목사들이 모두 종교적 믿음에 무한한 해를 끼쳤다고 말씀하셨는데, 왜 그렇게 생각하십니까?"

"양쪽 모두, 종교적 믿음이 신용을 얻으려면 철학적인 '정당화'가 필요하다는 생각을 부추기니까요. 무신론자는 종교적 원리에 대한 증거를 아무것도 발견하지 못했기 때문에 종교를 비난하지요. 또 신자는 신의 존재를 증명하려고 시도하지 않습니까? 그들은 모두 어떤 의미에서는 희생자라 할 수 있어요."

"희생자라니, 무슨 뜻이지요?"

"양쪽 모두 과학적 사고방식을 우상처럼 숭배하는 사고방식의 희생자지요. 종교적 믿음은 과학 이론과 전혀 달라요. 무신론자든 신자든 똑같이 증거를 기준으로 수용하거나 거부하면 안 된다고 봅니다."

이 대화 후, 지효와 반 다인은 비트겐슈타인이 종교적인 인물이냐 비종교적인 인물이냐를 놓고 한동안 입씨름을 벌였다. 지효는 그가 나름의 특유한 방식으로 아주 종교적인 인물이라고 생각하게 되었다.

해가 바뀌어 1939년이 되었다. 비트겐슈타인은 무어 교수의 사임으로 공석이 된 철학 교수직에 지원했다. 그래서 심사관이 읽을 수 있도록, 출판 준비 중이었던 자기 책을 영어로 번역하는 일을 영국 본토박이인 반 다인에게 급히 부탁했다. 그의 독일어는 구어체이면서도 공들여서 정확하게 만든 독특한 문장이었기 때문에, 영어로의 번역은 만만치 않은 일이었다.

새해 초, 추운 겨울날 도서관에 나와 하루라도 빨리 작업을 하기 위해 애쓰던 반 다인이 머리카락을 움켜쥐고 괴로워하는 것을 보고, 지효는 눈을 찡긋하며 농담했다.

"헤이, 영어 번역이 얼마나 훌륭한가는 별로 상관없다니까."

"뭐? 왜 그런 소리를 해?"

"번역이 좋든 말든, 비트겐슈타인은 그 자리에 임명될 거야. 왜 냐하면 그는 이미 우리 시대의 가장 뛰어난 천재 철학자로 인정받고 있으니까."

반 다인은 갑자기 얼굴이 환해졌으나, 다시 짐짓 엄숙한 표정을 지으며 말했다.

"흠. 말하자면, 비트겐슈타인에게 그 자리를 주기를 거부하는 것은 마치 아인슈타인에게 물리학 교수직을 주는 것을 거부하는 것과 같다, 이 말씀?"

"아하, 반 다인 씨. 드디어 비트겐슈타인 숭배자 대열에서 선두에 서시는군요?!"

"아닙니다, 지효 양. 저는 그저 사실을 말할 뿐입니다요."

두 사람은 한바탕 배를 잡고 웃었다. 덜렁대지만 일을 할 땐 강박적일 만큼 매사 꼼꼼한 반 다인이 영어 번역을 아무렇게나 할 사람이 아닌 것을 지효는 잘 알고 있었다. 더구나 작가가 되기를 소망하는 사람 아닌가.

곧 비트겐슈타인은 정식으로 교수로 선출되었다. 그리고 오래 초조하게 기다린 끝에 6월에야 영국 여권을 받을 수 있었다. 그 여권으로 비트겐슈타인은 베를린과 빈으로 여행을 다녀왔다. 그의 누이 헬레네와 헤르메네를 돕기 위해서였다.

이즈음 독일 제국은 그들 가문이 가지고 있는 막대한 외화를 조사하기 시작했다. 재산이 너무나 복잡하게 구성되어 있었기에 제국 은행은 그것을 강제로 뺏을 수 없었다. 그래서 비트겐슈타인 가와 베 를린 당국 사이에 외화 이전과 그 대가에 대한 교섭이 장기화되고 있었고, 비트겐슈타인은 자기의 기질에 맞지도 않았지만 그 교섭을 맡았다. 이때가 유대인들이 생존을 위해 노력을 할 수 있는 마지막 시기였는지도 모른다.

비트겐슈타인의 형제들은 4분의 3 유대인에 해당한다. 뉘른베르 크법 직후에 구체적으로 선포된 부속법령에 의하면, 적어도 조부모 중 한 사람이 유대인이면 유대인으로 정의되었다. 몇 해 전 친척들은 그들 조상에 아리안계가 섞여 있음을 탄원하는 보고서를 제출했었 다. 인종적으로 재분류를 신청한 셈인데, 이에 대해 그동안 아무 답 변이 없었다.

교섭이 진행되어 가자 혈통조사국은 비트겐슈타인의 할아버지인 헤르만 크리스티안 비트겐슈타인이 '독일 혈통'이라고 선언했다. 그 결과 8월에는 보증서를 받을 수 있었다. 이 연푸른색 편지에 의해, 헤 르메네와 헬레네를 비롯한 그의 모든 손주는 '유대인'이 아니라 유대 혈통이 섞인 '1급 혼혈아'로 분류되었다. 그 후 다시 베를린 당국은 혼혈아들을 다루는 규칙이 헤르만 크리스티안 비트겐슈타인의 후손 들에게는 적용되지 않고, 뉘른베르크법 즉 제국국민법 하에서 인종 적 분류 때문에 그들을 더 이상 문제 삼을 수 없다고 선언했다. 그래서 비트겐슈타인의 누이들은 전쟁 동안 오스트리아에서 아니, 독일에서 살아남을 수 있었다.

돌아오는 길

1939년 지효는 제2차 세계 대전으로 인해 분위기가 뒤숭숭해진 유럽을 떠나 미국으로 돌아가기로 했다. 그 무렵 빈에 남은 가족을 위해 베를린에 건너가 애쓰던 비트겐슈타인에게서 일이 잘 풀려 간다는 소식이 들려왔다. 8월 중순 퀸 메리 호에 탑승해 검푸른 바다를 내려다보니, 비트겐슈타인을 만나지 못하고 떠나는 것이 몹시 섭섭했다. 그러나 그가 이제는 영국 여권을 가지고 있기 때문에 뉴욕에도 쉽게 올 수 있으리라 생각하며 지효는 마음을 달랬다.

3년간의 영국 생활을 돌아보니 많은 일이 눈앞을 빠르게 스쳐 갔다. 영국의 음습한 날씨는 정말 괴로웠다. 영국 음식은 원래 맛이 없기로 유명하니 전혀 기대하지 않았다. 지루하고 밍밍한 음식만 먹게 될 줄 알았지만, 클레어 덕분에 여러 가지 빵에 입맛을 붙였다. 미국 대학에서 생물학과 수학 수업을 들으며 절친하게 지낸 반 다인은 정말 좋은 친구였다. 남을 배려할 줄 알고 게다가 머리까지 좋은 남자였다. 정확한 숫자에 대한 반 다인의 강박도 이번에는 도움이 되었다. 그가 추리 소설을 읽고 나서 늘 경탄하며 떠벌리는 '냉정한 탐정 정신'을 지효도 본받으리라 생각했다. 처음 도착해서 사라진 비트겐슈타인의 행방을 쫓을 때, 그리고 그의 사상 궤적을 따라가려고 애쓰는 동안에 특히 더. 그래서 지효와 반 다인은 미스 마플과 포아로 형사 같은 이상하지만 멋진 커플이었다.

떠나오기 전, 반 다인의 집 거실에서 클레어가 물었다.

"찌, 가장 즐거운 추억과 가장 슬펐던 추억을 말해 봐."

"노르웨이 오두막에서 드디어 비트겐슈타인을 만나고 이야기한 일도 멋졌지만, 가장 즐거운 추억을 꼽으라면 런던 시내를 비트겐슈타인과 천천히 산책했던 나날이지. 가끔 그가 재미 하나도 없는 농담을 했지만 말이야."

"그럼, 가장 슬펐던 것은?"

"음…… 비트겐슈타인이 늘 너무 연구에 몰두하다 보니, 산책하러 나갈 때는 걸어갈 수 있었는데 돌아오는 길에는 반 다인과 내가 그의 몸을 부축해야만 할 정도로 피곤해 하던 날이 있었어. 그날 정말 놀라고 슬펐어."

1937년 봄 노르웨이 여행과 그 이후의 일들은 모두 즐거운 추억이었다. 그중 가장 소중한 경험은 그다음 해 봄부터 이번 여름까지 1년

넘게 비트겐슈타인의 강의에 참석했던 일이다. 3년 내내 그의 사상을 이해하려고 노력했던 모든 순간이 보람 있었다.

반 다인은 2년째 의과대학원에 다니고 있었고 가을이면 클레어와 결혼식을 올릴 예정이다. 딸을 낳으면, 지효처럼 '찌'라는 애칭으로 부를 수 있도록, 지나(Zeena)로 이름 짓겠다고 클레어가 말했다. 세 사람은 지난 3년간 형제자매처럼 친해져서 이별을 아쉬워했다.

"헤이, 찌. 우리는 정확히 60일에 한 번은 꼭 네 편지를 받아야겠어. 안 그러면 미국에 따지러 갈 거야."

마지막 순간까지 반 다인은 능청을 부렸다. 구체적인 숫자를 쓰는 버릇도 여전하다.

"하하. 내가 너무 바빠서 편지 쓰기가 곤란하면, 추리 소설이 실리는 잡지라도 대신 부쳐 줄게."

지효의 대꾸에, 그러면 살짝 용서해 주겠노라고 반 다인이 크게 웃으며 말했다.

홀로 돌아온 미국은, 지효가 더 오래 머물렀던 곳임에도 이제는 영국보다 더 낯설게만 느껴졌다.

9월 1일, 결국 독일이 폴란드를 침공했다. 영국은 9월 3일에 전쟁을 선포했다. 오스트리아 합병에서 시작된 제2차 세계 대전이 이제 프랑스 침공으로 전개되고 있었다. 1940년 6월 파리는 함락되고, 드골 장

군은 런던에 망명 정부를 세웠다. 영국의 처칠 수상은 독일군의 공습에 저항했고, 독일군이 영국에 상륙하지 못하게 하려고 애썼다.

지효는 라디오와 신문을 통해 드골, 처칠, 그리고 루스벨트의 연설을 들었다. 그중에서도 처칠의 연설은 정말 감동적이었다. 대공황에 이어 다시 전쟁의 참화에 휘말린 세계는 비참했지만, 위기 속에서 영웅은 찬란한 빛으로 자신을 밝힌다. 처칠은 사자처럼 포효하며 연설했다.

"우리는 해안에서 적들과 싸울 것이며,

우리는 상륙지에서 적들과 싸울 것이며,

우리는 도심과 구릉에서 적들과 싸울 것입니다.

우리는 절대 항복하지 않을 것입니다."

루스벨트 대통령은 유럽의 분쟁에 개입하지 않는다는 고립주의 원칙을 고수하려고 했지만, 히틀러가 프랑스를 점령하고 영국마저 침공하자 생각을 바꾸었다. 1941년 3월, 연합군에 전쟁 물자를 제공하기로 하는 라디오 연설을 들으며 지효는 반 다인에게 편지를 써서 영국의 상황과 비트겐슈타인의 안부를 물었다. 반 다인이 곧 답장을 보내왔다. 전쟁도 반 다인의 천성적인 유쾌함을 꺾지는 못한 듯했다.

지효에게

비트겐슈타인에게만 관심이 쏠려 있는 네가 미워서 클레어와 나는 사실 한참 망설였다. 답장을 쓸까 말까 하고. 그러나 중대한 소식이 있어서 알리기로 한다. 클레어가 두 달 전 아이를 낳았어. 딸이어서 네 애칭 '찌'를 사용할 수 있어서 기뻤다. 그런데 딸 쌍둥이이기 때문에 우리는 찌1, 찌2로 부르기로 했다.

찌2인 아이가 커서 왜 자기가 나중 번호냐고 항의를 한다면, 그때 찌0로 바꿔 주려고 해. 찌1인 아이가 왜 자기가 언니인데 찌0 다음인 찌1이냐고 항의하면, 그때 나는 0이 늦게야 발명된 숫자임을 말해 주고, 수학을 전공하라고 할 거야. 만일 찌0인 아이가 또 항의하면, 이번엔 법학을 전공하라고 해야지.

네가 궁금해하는 비트겐슈타인 선생은 별일 없으셔. 소문에 의하면 응급 구호같이 전쟁과 관련된 일을 계속해서 찾고 있대. 하지만 그의 독일식 이름과 오스트리아인이란 배경 때문에 쉽진 않을 거야. 닷새 전 뵈러 갔을 때, 전쟁 중인데도 학교에서 가르치는 일을 하고 있는 자신을 참을 수 없다고 말했어.

추신: 네가 숭배하는 비트겐슈타인은 유별난 사람이야. 그는 공습당하는 현장에서 일하고 싶어 하지만, 그럴 염려는 없으니 너무

걱정하지 마. 그는 제1차 세계 대전에서도 가장 위험한 곳에서 살아남은 사람이야. 그가 그토록 예술적인 솜씨로 교향곡 전 악장을 휘파람으로 불고 있으면, 날아오던 포탄도 1마일 바깥으로 비켜 떨어질걸. 그러니 찌, 네 건강이나 잘 챙기렴.

1941. 4. 26.
언제나처럼,
반 다인

휘파람으로 브람스를

지효는 반 다인과 한동안 편지를 주고받을 수 없었고 비트겐슈타인의 소식도 끊겼다. 전쟁 중 미국에서의 생활도 피폐하기 이루 말할 수 없었다. 1942년 지효는 전공으로 정치학을 선택했다. 국제관계나 정치학 이론을 배워 세상을 바꾸는 일을 하리라 결심했다.

그렇지만 철학에 대한 관심이 사그라진 것은 아니었다. 비트겐슈타인이 자기의 후기 철학을, '파리에게 그것이 들어가 있는 유리병으로부터 나오는 길'을 보여 주는 시도를 하는 것이라 규정한 것을 잊지 않고 있었다. 아직도 지효는 비트겐슈타인의 후기 철학에 대해 연구하고 생각한 것을 청갈색 노트에 꼼꼼하게 기록하고 있었다.

지효가 듣는 강의 중에는 정치학과 철학, 문학과 철학이 서로 연결된 과목이 있었다. 비트겐슈타인처럼 문화 전체에 안목이 있는 지성인이 되기는 어렵겠지만, 적어도 문학에는 조예가 있는 사람이 되

고 싶었다. 지효도 그처럼 디킨스와 도스토예프스키의 작품이 좋아
졌다.

　지효는 저녁에는 잡화점에서 시간제로 일했고, 주말에는 교수의
연구실에서 자료를 타자하는 일을 돕거나 도서관에서 사서로 일했
다. 고달프고 힘든 시절의 유일한 즐거움은, 정치인의 연설문을 구해
암송하는 일이었다. 처칠이 미국을 방문해서 상하원 합동 회의에서
한 연설은 정말 강렬했다. 올해 이집트에서의 전쟁에서 영국이 승리
를 거둔 후, 처칠은 대조법을 사용해 멋지게 말했다.

　"이것은 **종결**이 아니며,

　결코 **종결의 시작**도 아니겠지만

　시작의 종결은 될 수 있을 것입니다."

　반 다인으로부터 다시 편지가 왔다. 처음에 쓴 것은 올해 초 날
짜가 적혀 있었다. 그러나 전쟁 탓으로 지효가 그 편지를 받은 것은
여름이었다.

　지효에게

놀라운 뉴스를 전해 줄게. 나쁜 소식 하나와 좋은 소식이 하나 있
어. 무엇을 먼저 들을래? 그래, 너는 언제나 나쁜 소식을 먼저 든
겠다고 했지? 첫째, 나는 지난달 탈장이 생겨 여기 런던에 있는 가

이 병원에 입원했어. 둘째, 좋은 소식은 이 병원에 글쎄 비트겐슈타인이 있다는 거야. 나랑 거의 열 달 만에 만난 그도 이 우연을 무척 기뻐했어. 전쟁 중에 철학을 가르친다는 사실로 더 이상 괴로워하지 않아도 되니, 그도 이제 마음은 편하지 않을까? 비트겐슈타인은 지금 약국의 배달 사원이야. 놀랍지 않니? 그가 세계에서 가장 저명한 철학자 중 한 명이라는 것을 이 병원에 있는 사람 중 누가 알까?

여기에서 일어나는 일을 형편이 닿는 한 빨리 전하려고 하겠지만 가끔 공습을 받고 있어서 장담은 못 해. 어제도 수십 발의 폭탄이 떨어져서 병원 구내에도 최소 열두 발이 폭발했어. 물론 네가 존경하는 비트겐슈타인 선생은 무사하시다.

1942. 2. 19.

반 다인

두 번째 편지는 조금 더 길었고 더 여유가 있어 보였다.

지효에게

비트겐슈타인의 소식을 먼저 들을 테야, 아님 내 소식을 먼저 들을 테야? 좋아, 비트겐슈타인의 소식을 선택하겠지?

그는 2주에 한 번씩 케임브리지에 강의하러 갔다 오곤 해. 여기 병원의 누필드 하우스 3층에 그의 방이 있어서 내가 가 보았거든. 철학책은 하나도 없고 탐정 잡지만 가지런히 정리된 채 있는 것을 보고 얼마나 놀랐는지. 흐흐 어쩐지 그와 더 가까워진 느낌이야. 그가 브람스의 〈성 안토니오 변주곡〉을 휘파람으로 부는 것을 지효 네가 들었어야 하는데…… 누군가 휘파람을 틀리게 불면 그가 중단시키고 엄숙하게 지적하지. 그래서 예전에 네가 중국의 삼국 시대 때 주유라는 장수 이야기를 한 것이 생각나더라. 술이 거나하게 취했어도 악대가 틀리게 연주하는 것을 알아차렸다며? 틀리면 그가 곧바로 머리를 돌려 쳐다봤기 때문에, "연주를 잘못하니 주랑(멋쟁이 주 선생)이 돌아보네."라는 말이 그 지방에 있었다면서? 어때, 내 기억력?

지난 4월에 비트겐슈타인은 이 병원에서 담석 제거 수술을 받았어. 그는 영국 의사들을 믿지 못하겠다고 마취를 거부했을 뿐 아니라, 거울을 수술실에 설치해서 무엇이 일어나는지 보겠다고 우겼어. 바로 그 영국 의사가 되는 공부를 하고 있는 내 기분은 아랑곳하지 않고 말이야. 그래서 내가 수술 내내 그의 손을 잡은 채 함께 앉아 있어야 했어.

내 소식? 별거 아냐. 그동안 너무 무리했기 때문에 극도로 몸이 허약해져서 의사가 어려운 책은 읽지 못하게 엄명을 내렸어. 그래서 미국과 영국의 추리 소설들을 읽고 있지. 사실 추리문학은 1841년 에드거 앨런 포가 쓴《모르그 가의 살인 사건》에서 시작되었잖아. 이 기회에 지난 100년간 쓰인 추리 소설을 모조리 읽을 예정이야. 예전에도 수십 권 읽었으니 한 2,000권 정도 더 읽으면 되겠지?

찌, 비트겐슈타인 걱정만 하지 말고, 가끔 시간 나면 내 걱정도 해 주라. 전쟁이 끝나면 꼭 만나자.

1942. 5. 13.

반 다인

오직 친구의 편지를 통해서만 비트겐슈타인의 근황을 전해 들을 수 있었다. 반 다인은 젊으니 곧 낫게 되리라 생각되었다. 그러나 이미 쉰이 넘은 비트겐슈타인이 병원에서 배달 짐꾼 일을 하며 피로를 느끼지 않을까 걱정되는 것은 어쩔 수 없었다.

반 다인에 대해 걱정할 일이 있다면 의사를 관두고 작가의 길을 걷게 되는 경우인데, 이건 반 다인의 꿈이었으므로 걱정할 일은 아니었다. 다만 반 다인의 집안에서는 그가 의사가 되기를 강력히 바랐기 때문에 그가 가족과 겪을 갈등이 걱정될 뿐이었다. 지효는 영국에 처음 가서 얼마 되지 않았을 때, 반 다인과 그의 어머니가 대화하는 것을 보았다.

"저는 작가가 되려고 해요. 많이 생각해 본 거예요."

"그래 알겠다. 일단 의사가 되거라."

"아니에요, 저는 의과대학원에 진학하고 싶은 마음이 없다구요."

"잘 생각해 봐. 의사가 되고 나서 나중에 글을 쓸 수도 있겠지만, 글을 쓰는 작가가 되고 나서 의사가 될 수는 없지 않니?"

가이 병원에서 비트겐슈타인은 매우 외로워했다고 한다. 그것은 1941년 가을, 그의 친구 프란시스 스키너가 소아마비를 심하게 앓다가 죽었기 때문이라고 한다. 그러니 쾌활하고 유머감각 있는 반 다인이 비트겐슈타인에게는 그나마 위로가 되었으리라 지효는 생각했다. 비트겐슈타인은 가이 병원에서 한동안 약국의 약을 병동으로 옮기는 일을 하다가, 약을 제조하는 기사로 일하게 되었다. 그가 피부과에서 쓰는 습진 치료제인 라사르 연고를 만들었을 때, 그전에는 누구도 그렇게 품질 좋은 것을 만든 적이 없었다는 말을 한 사람도 있었다.

1943년 5월, 비트겐슈타인은 뉴캐슬에 있는 왕립빅토리아 병원으로 옮겨갔다. 반 다인은 그다음 해까지 가이 병원에 입원해 있어야만 했지만 지효에게 종종 비트겐슈타인의 소식을 듣고 전해 주었다. 비트겐슈타인은 심하게 다친 환자들에게서 나타나는 증세 즉, 호흡과 함께 혈압이 변화하는 현상을 연구하는 팀에서 일했다. 거기서 그는 혈압을 더 잘 기록하는 장치를 발명했고, 그 팀은 혁신적인 기술을 쓸 수 있었다. 그리고 1944년 2월 비트겐슈타인은 다시 케임브리지로 돌아갔다.

기억과 거짓말

봄 방학이 일주일밖에 남지 않아서 난 무척 서운하다. 봄이 다가오기는커녕 내게는 혹독한 겨울이 돌아올 것만 같다. 3월에 중3이 되면 입시학원에 다녀야 할지도 모른다. 며칠 전엔 엄마의 강요에 못 이겨, 동네에 있는 유명한 학원에 가서 '선발고사'라는 부정확한 이름의 테스트도 받아야 했다.

"선발고사라면, 나를 안 뽑을 수도 있다는 말이잖아요? 그럼, 시험에 떨어지면 학원에 안 가는 거네요?"

내 말에 엄마는 대꾸도 안 하셨다. 수학 시험은 고1 과정까지 포함한다는 말대로 아주 어려웠다. 아직 중3도 아닌데 고1 수준 문제를 풀어야 한다니 정말 어이가 없다. 영어 문제도 상당히 어려웠다. 솔직히, 같이 시험 본 아이들이 설마 그런 수준의 단어들을 알고 있으리라곤 절대 생각되지 않았다. 나야 아빠가 사다 주신 책 덕분에 여기저기서 구경해 본 것들이지만. 시험이 끝나고 학원 부원장과 엄마가 진지한 얼굴로 대화했다.

"상우 학생의 시험 결과는 우리 재원생과 견주어도 최상위권입니다. 그런데 어떻게 영어 공부를 시키셨지요?"

"아, 학원은 안 다녔고요. 우리 애는 평소에 집에서 이런저런 영어 소설책만 읽고 있어요."

그렇게 말하면서도 엄마의 입가에는 웃음이 살짝 번졌다. 엄마는 저 정도로 내게 관심이 없는 거다. 내가 엄마 앞에서 읽은 것은 소설이 아니라 알렉스 퍼거슨이라는 전 맨유 축구감독의 자서전이다. 또 물리학자인 파인만과 호킹의 책도 거실에서 읽었다. 아빠는 내가 철학적인 문제에 관심이 있다는 걸 아시고 좋아하셨다. 그래서 육식을 비판한 피터 싱어라는 윤리학자의 영어책을 사 오셨고, 그것을 읽고 나서부터는 고기반찬을 꺼리게 되었는데, 그런 일조차 엄마는 기억하지 못한단 말인가. 게다가 소설을 가볍게 취급하는 엄마의 저 태도도 마음에 들지 않는다. 소설은 쉽고 또 그저 가볍게 읽을 수 있단 말인가?

아무튼 요즘 나는 입시학원에 보내려는 엄마와 한창 전쟁 중이다. 나는 내 방식대로 즐기며 공부하고 싶다. 엄마가 인상 쓰시는 일이 잦지만, 저녁 무렵 기타를 치고 있으면 엄마의 마음이 누그러지기도 한다. 그래서 다가와 말을 거시는 때도 있다.

"이건 누구 곡이니?"

"줄리아니."

"어머? 이 줄리아니랑 그 줄리아니가 같은 집안인가?"

"예?"

"있잖아. 옛날에 유명한 뉴욕 시장 있었거든. 이탈리아 이민가정 출신이면 혹시?"

어이구. 대체 무슨 말을 하시고 싶은 건지 모르겠다. 같은 집안이든 아니든 무슨 상관이란 말인가. 엄마는 온갖 잡다한 세상사를 정확하게 기억한다고 자부하신다. 그러나 자신의 기억이 종종 틀리기도 한다는 것을 절대 인정하시지 않는다. 하지만 나는 내 기억조차도 종종 믿을 수 없다는 생각을 한다. 우리 동네 스파게티집에서 유명한 젊은 연예인을 본 적이 있는데, 내가 그 일을 얘기하자 내 친구는 그것은 자기의 경험이었고, 그것을 자신이 나에게 말해 줬다고 했다. 그 일이 있은 후, 나는 나의 뇌가 가끔 무슨 장난을 치는지 정말 알 수 없다고 생각하게 되었다.

내가 아무 대꾸도 하지 않자, 엄마도 슬그머니 거실로 나가신다. 외할머니의 유품 노트는 이제 거의 다 읽어 간다.

요즘 우리 집은 비트겐슈타인 탐험에 나선 나로 인해, 아니 정확히 말하자면 외할머니의 노트로 인해서 비트겐슈타인 열풍이 불었다. 엄마도 지난주엔 《비트겐슈타인은 왜?(Wittgenstein's Poker)》라는 책을 독파했을 정도다. 그 책을 읽고 난 후 유일한 후유증이라면, 엄마가 칼 포퍼(Karl Raimund Popper, 1902~1994)라는 철학자를 미워하기 시작한 것이다. 엄마도 이제 비트겐슈타인 마니아가 되어 가고 있다는 증거 아니겠는가.

그 책은 케임브리지 대학의 킹스 칼리지에서 열린 포퍼의 강연 회장에서 비트겐슈타인이 벽난로의 부지깽이를 휘둘렀다는 소문에 대해 다뤘다. 그런데 문제의 장소에 있던 여러 사람의 말과 기억이 모두 달랐기에 진상을 알기 어려웠다고 한다. 누가 거짓말을 하고 누가 과장을 한 것인가? 그리고 왜? 엄마가 아빠에게 열심히 설명한 바를 들어 봐도 진실은 밝혀지기 어려울 듯하다. 비트겐슈타인이 정말 부지깽이를 휘둘렀는지, 어떤 예를 들면서 허공에 쿡쿡 찔렀는지, 아니면 그냥 옆에 있는 막대를 손으로 만지작거렸는지 참석자마다 증언이 다르기 때문이다.

엄마가 재구성해 쓴 추리 소설에 의하면 스토리는 이렇다. 비트겐슈타인은 철학적 문제는 없으며 수수께끼만 있을 뿐이라고 주장했고, 포퍼는 그것을 비판하려고 작심하고 왔다. 포퍼가 철학적 문제의 사례를 제시하는 강연을 시작했다. 포퍼와 비트겐슈타인 사이에 토론이 벌어졌을 수도 있고, 다른 증언처럼 토론이 벌어지기 전에 비트겐슈타인이 이미 퇴장해 버렸을 수도 있다. 어쨌든 양쪽의 비위가 상할 대로 상해 있었다. 아니, 적대감이나 혐오가 양편에 있었다. 포퍼는 훗날 자서전에서 이 사건을 들어 마치 자기의 영광스러운 승리처럼 떠벌리고, 비트겐슈타인이 자기를 위협한 것처럼 비난했다.

그렇다면 포퍼가 의도적으로 사건에 대해 거짓말을 한 것일까? 아니면 상상 속에서 자기도 모르게 '가짜 기억'을 만든 것일까? 엄마는 포퍼가 자기보다 훨씬 유명했고 비범했던 철학자에게 먼저 도발을 하고, 나중에 자신을 미화한 사건이라고 확신했다.

엄마가 이 일에 그토록 집착하는 것은, 정확성과 진실을 중요시하는 사람이기 때문이다. 누가 말했는지는 모르지만, '진실성을 잃는다면 사람은 더 이상 잃을 것이 없다'는 말을 엄마는 좋아하신다. 하지만 나는 어떤 사건이 여러 사람에 의해 다르게 기억되고 이야기되는 상황을 이해할 수 있다. 엄마와 누나도 서로 자기의 기억이 옳다고 우기며 언쟁을 벌이곤 했었다.

아빠가 사다 주신 심리학책에 보면, 사람의 기억이 얼마나 왜곡되기 쉽고 가짜로 만들어지기도 쉬운 것인지를 보여 주는 실험이 있다. 어떤 사람이 어릴 때 시장에서 미아가 된 적이 있다고 가족 중 누가 살짝 언급을 했다고 하자. 그러면 당사자는 처음엔 그런 기억이 전혀 나지 않아 당황한다. 하지만 며칠 후 그 사람은 자기가 들은 그대로의 기억을 지어낼 뿐 아니라, 그것을 사실로 생각한다. 그들은 당시 당황했던 마음, 주변 상황, 이후 자기의 행동 등을 진짜 경험한 듯이 생생하게 설명했다는 것이다. 길을 잃은 기억을 갑자기 떠올려 낸 사람은 피실험자의 25퍼센트였다. 그 과거의 사건 자체가 사실이 아닌 거짓임을 밝혔을 때 그들은 모두 깜짝 놀라거나 충격을 받았다고 한다. 다른 연구자는, 약 50퍼센트의 피실험자가 어릴 때 포악한 동물로부터 공격을 받아 겨우 살아난 적이 있다는 거짓 기억을 지어내고 마치 사실인 듯 털어놓는 실험 결과를 발표했다. 책을 읽고 나니, 내 기억을 무조건 신뢰하면 안 되겠다는 생각이 강해졌다. 내 기억이 나를 속일 수 있다. 사람들은 믿고 싶은 대로 믿고, 기억하고 싶은 대로 장기 기억 창고에 정보를 저장해 두는지도 모른다. 기억은 사실에 대한 정확한 사진과 같은 것이 아니라, 시간이 흐르면 상한 우유처럼 변하는 것일 수 있다. 기억은 우리가 꾸며낸 거짓 이야기인지도 모른다. 그렇다면 우리는 모두 우리 인생의 소설가, 영화감독이라 할 수 있겠다.

기억이 사실이 아니고 허구, 즉 지어낸 이야기라고 해서 그게 반드시 나쁜 것은 아니다. 남을 해치지만 않는다면 말이다. 내가 좋아하는 〈빅 피시〉라는 영화에서 주인공의 아들은 자기 아버지의 회고담이 실은 거짓말, 꾸며낸 이야기란 것을 참지 못한다. 하지만 나는 영화 속 그 아버지가 좋다. 자신의 과거에 대해 환상적인 거짓 이야기를 많이 들려준 늙은 아버지는 이렇게 말했다.

"본인 이야기를 많이 하다 보면, 자기가 이야기가 되어 영원히 살 수 있다."

이 말은 너무나 멋져서 소설가들이 제일 좋아할 것 같다. 그런데 엄마는 그 영화 속 아들과 똑같은 타입이다. 아빠가 간혹 모호하게 얼버무리거나 소소한 거짓말을 하면 정색하고 따지니 말이다. 그러면 아빠는 이렇게 멋지게 대답하곤 했다.

"아니야. 나는 거짓말을 한 것이 아니고 거짓말과 참말의 차이를 흐려 놓은 것뿐이야."

엄마가 기가 막혀서 말문을 닫는 것도 진짜 재미있다. 외할머니의 노트에 보니, 비트겐슈타인이란 사람도 이렇게 말한 적이 있다고 쓰여 있었다. 바로 우리 아빠와 같이 아는 것도 많고 상상력이 풍부한 사람을 가리켜 하는 말이 아닐까?

"너무 많이 아는 사람이 거짓말을 하지 않기란 힘들다."

외할머니의 청갈색 노트는 이제 몇 장 남지 않았다. 그것은 거짓과 가식을 혐오했던 사람에 대한 이야기다. 그는 자신의 작은 부정직함 또는 남의 오해를 내버려둔 태만을 '죄'로 생각한 사람이었다. 그에게 가장 엄격한 심판관은 자기 자신의 양심, 자기 가슴속에 사는 신이었다. 그는 그 심판관의 세밀한 조사에서도 살아남을 수 있을 만큼 진지하고 성실하게 살고자 했다. 그래서 그토록 자신을 괴롭히고 우울해 하고, 고독한 사람이 되었던 것 아닐까? 그는 정말로 괴상하고 신비한 인물이다.

6

마지막 은둔

아일랜드 해안의 바닷새

1945년, 마침내 전쟁이 끝났다. 제2차 세계 대전의 막바지에서는 연합군과 독일군 양쪽에 의해, 상상할 수 없을 규모로 야만적인 살육이 자행되었다. 2월, 영국과 미국이 독일 드레스덴에 가한 공중 폭격으로 13만 명의 민간인이 죽었다. 5월, 연합국은 항복 직전인 독일의 한 수용소에서 부패한 시체들이 산더미처럼 쌓여 있는 것을 발견해 사진을 찍어 발표했다.

1945년부터 1946년까지 비트겐슈타인은 전쟁 이후 유럽의 장래를 두려워하면서도 《철학적 탐구(Philosophische Untersuchungen)》 1부를 완성하기 위해 애쓰고 있었다. 그는 오직 책을 빨리 완성하지 못하는 것에만 낙심할 뿐이었다. 비슷한 시기에 미국에서 케임브리지로 돌아온 러셀과 사이가 더 안 좋아졌다는 소문도 들렸다. 반 다인의 말에 의하면, 비트겐슈타인에게서 마구 휘갈겨 쓴 편지가 온 것은 그즈음이었다. 가이 병원에서 같이 지낸 이래 두 사람은 아주 가까워졌다.

친애하는 반 다인

만 48시간 전, 킹스 칼리지에서 모럴 사이언스 클럽의 모임이 있었네. 내가 의장이라 가긴 했지만 형편없는 발표였다네. 포퍼 박사라는 고집불통이 런던에서 와서 오랫동안 들어 보지 못한 감상적이고 쓰레기 같은 말들을 늘어놓았고, 나는 늘 그렇듯이 말을 많이 했지…….

이렇게 말할 수 있을 것이네.

'철학에서 언어적 접근 방식을 조롱하는 자들은 그들 자신이 깊은 개념적 혼란 속에 빠져 있음을 깨닫지 못한다.'

어쨌든 나 자신을 포함해 케임브리지학파가 실천하고 있는 철학에 대한 일부의 오해를 바로잡을 필요는 있을 것 같네. 철학적 질문이 일반적으로, "나는 혼란에 빠져 있다. 어디로 가야 할지 모르겠다." 같은 형태를 취한다는 내 입장을, 다음 어느 모임에서든 자세히 밝힐 필요가 있겠지.

나는 요즈음 교수직을 사임하고 케임브리지를 떠나는 것에 대해 자주 생각하고 있네. 종전 무렵 자행된 살육에 대해 구토와 혐오

를 느꼈네. 영국 문명은 썩어가고 있고, 런던과 케임브리지는 견딜

수 없어. 솔직히 빈이 몹시 그립네.

1946. 10. 27.

루트비히 비트겐슈타인

사직을 언급하는 편지를 읽고 반 다인은 매우 놀랐지만, 그 자신

도 몹시 분주해 케임브리지에 갈 시간을 내기 어려웠다. 그래서 다음

해 봄에야 비트겐슈타인을 찾아갈 수 있었다. 두 사람은 가이 병원에

서의 추억에 대해 한동안 이야기를 나눴다. 비트겐슈타인이 남을 대

할 때 가식이 없었기에 어떤 사람들은 그 앞에서 오히려 불안을 느

꼈다. 그는 공손한 대화나 사교적인 한담에는 어울리지 않았고, 상대

가 무슨 말을 하면 그 사람을 쏘아보며 무슨 의미냐고 되묻는 경우

도 많았기 때문이다. 그러나 반 다인이 순수하면서도 활기찬 사람이

었기에 두 사람은 서로 죽이 잘 맞았다. 비트겐슈타인은 반 다인이

집필 중인 소설에 비상한 관심을 보였다.

"자네 하드보일드 추리 소설가들에 대해 아나?"

"그럼요. 가이 병원에 2년간 입원해 있으면서 여러 가지 읽었어

요."

차마 수백 권의 소설을 읽었다는 허풍을 그 앞에서 늘어놓진 못

했다.

"흠. 내가 좋아하는 사람은 노버트 데이비스야."

"아, 그러시군요."

자기는 레이먼드 챈들러가 맘에 든다는 말을 하려다 반 다인은 입을 다물었다. 그러고 보니 데이비스는 1930년대 초반 추리 소설을 쓰기 위해 변호사직을 포기한 사람이었다. 반 다인은 의사를 그만둔 자기를 격려해 주려고 비트겐슈타인이 데이비스라는 사람을 언급하는 것이 아닌가 하는 생각이 얼핏 들었다.

"저도 그의 《두려운 접촉》은 읽었어요."

그 말에 비트겐슈타인은 환하게 웃으며 기쁜 표정을 드러낸다.

"그 작품은 나도 다시 읽고 싶은걸. 거기 있는 유머가 무척 마음에 들어. 유머는 기분이 아니고 세상을 바라보는 방식이지."

비트겐슈타인은 데이비스의 다른 책을 더 알아봐 달라고 부탁했고, 반 다인은 구하는 대로 보내겠노라 약속했다. 떠나기 전 꼭 물어봐야 할 중요한 질문이 남아 있다는 사실을 반 다인은 잊지 않았다. 러셀도 3년 전인 1944년 가을에 돌아와서 강의하고 있었는데 그와의 관계도 파악해야 하고, 비트겐슈타인이 대학을 사직하려는 이유도 알아내야 한다. 이것을 알아내지 못하면 지효가 성화를 부릴 것이기 때문이었다.

"그런데 러셀 선생과는 어떻게 지내십니까?"

"흠. 오랜만에 그를 처음 만났을 때 왠지 나쁜 인상을 받았어. 그렇지만 나는 아직도 그의 예리한 지성을 존중해. 그래도 그의 대중적인 책은 정말 싫어. 러셀의 책은 두 가지 색으로 제본되어야 해. 수학과 논리학을 다루는 책들은 빨간색으로 하고, 철학을 배우는 모든 학생은 이 책들을 읽어야 하지. 그리고 윤리학과 정치학을 다루는 책들은 파란색으로 하되, 누구도 이 책들을 읽게 해서는 안 된다고 생각하네."

반 다인은 한 때 스승과 제자였던 두 사람 사이에 따뜻한 감정이 하나도 남아 있지 않을까 봐 걱정됐다.

"러셀은 선생님께 어떻게 대하십니까?"

"흠. 러셀이 나에 대해 한 말을 들어 보지 못했나? '초기의 비트겐슈타인은 진정으로 철학적 천재성을 갖고 있었다. 그러나 후기 비트겐슈타인은 진지하게 생각하는 데 지쳤던 듯 보이며, 그런 활동을 불필요하게 만드는 원리를 개발했다'고 어디선가 나를 평가했다더군. 나의 후기 연구를 무시하는 것 같아. 난 아무 상관 없네. 그를 최대한 정중하게 대하고 있어. 지효 양과 자네가 걱정할 필요는 없네."

"예. 그런데 책 원고는 다 마무리하셨습니까?"

"1931년부터 올해까지 써 온 원고를 추리고 있는 중이네. 단평들을 뽑아내서 타자수에게 구술하고 있는데 작업이 아주 느리게 진행되고 있어."

그러면서 비트겐슈타인은 자기 책의 타자 본에 대해 자세히 설명했다. 가만히 듣다가 반 다인은 조심스럽게 말을 꺼냈다.

"그런데 왜 사직하려고 하세요?"

"드레스덴에 떨어진 폭탄, 수용소의 가스실, 일본에 투하된 원자폭탄을 봐. 사람을 죽이는 수단으로 이용된 기술의 힘을. 이제 인류가 파멸을 향해 나아가고 있어. 나는 이곳 영국, 특히 케임브리지의 문화와 안 맞아. 노르웨이 아니면 빈에 가서 혼자 지내면서 연구에 집중하고 싶어."

"지효가 선생님 걱정을 많이 해요."

"알아. 지효 양에게 내 원고와 강의록을 보관시킬 생각이야. 꼼꼼하고 정확한 사람이니까. 영국에 곧 오겠다는 연락을 받았어."

1947년 봄 학기에 비트겐슈타인은 마지막 강의를 했다. 이 강의는 중요한 의미가 있는데, 그 이후 2년간 《철학적 탐구》 2부를 구성할 원고의 내용이 나오기 때문이다. 이 연구 내용은 비트겐슈타인이 2년 후인 1949년 봄에 남겨둔 상태로 나중에 사람들에게 전달됐다. 그의 강의록과 책 원고를 보관한 것은 지효였다.

지효의 충실한 친구 반 다인이 보낸 편지에는 당시 비트겐슈타인의 일부 자료가 들어 있었고 그의 근황도 적혀 있었다.

지효

비트겐슈타인 선생은 작년 여름 사직서를 내고 결국 연말에는 케임브리지를 완전히 떠나셨어. 올해부터는 킬러리 항구 어귀, 그러니까 아일랜드 서쪽 해안가인 골웨이 해변의 오두막집에서 홀로 살고 계셔. 그 집은 드루리라는 의사의 휴가용 별장이야. 그는 예전에 비트겐슈타인의 제자였대. 그가 비트겐슈타인의 건강 상태를 자주 점검하고 있어. 자주 아파서 누워 계시거든.

나도 지난 6월에 잠시 갔었어. 읍내의 가게와 우체국에서도 멀리 떨어진 외딴 곳이었어. 처음 도착했을 때 밖에서 그의 음성을 들었는데 집 안으로 들어가 보니 혼자였어. 누구랑 같이 있는 줄 알았다고 말했더니, '나는 나의 아주 친한 친구, 나 자신과 말하고 있었네.'라더군. 하긴, 그가 쓰는 거의 모든 글이 그 자신과의 사적 대화일 거라는 생각이 들어.

날이 좋으면 우리 두 사람은 언덕 위로 오르고, 해안을 따라 걷고, 주변에 있는 동식물 군도 관찰했어. 그는 생물의 다양함에 감탄하더군. 여러 가지 꽃, 관목, 수많은 새를 좋아해서 들판에서 산책하는 것을 그토록 즐거워한 거야. 한번은 바닷새들을 더 가까이에서 보려고 배를 타고 나가자고 했어. 내가 노를 젓는 동안 꼼작도 않고 앉아서 바다와 또 새를 보고 있었어. 그가 '울새'와 '되새'

같은 새들을 아주 잘 길들여서, 그것들이 부엌 창가까지 와서 그의 손에 있는 먹이를 먹곤 하더라고.

요즘 그는 집필에 몰두하고 계셔. "내 머리 안에서 태양이 빛나는 짧은 기간 동안 건초를 만들고 싶다"고 말한 적도 있어. 식사 약속 시각에 맞춰 갔더니 잠깐 기다리라고 해 놓고 한마디도 하지 않고 두 시간 동안 계속 글을 쓰기도 했어. 날씨가 추워지면 이곳 생활이 불편해질 테니, 시내 호텔에 묵으시도록 권할게. 비트겐슈타인이 너무 쇠약해져서 걱정이야.

지효, 형편이 닿으면 영국을 한번 방문해. 박사 논문은 잘 진행되고 있지? 선생님께서는 네가 곧 돌아올 수 있을 거라고 믿고 계셔. 타자로 구술한 원고를 네가 잘 보관해 주시기를 바라고 있다고!

추신: 비트겐슈타인 선생님이 오두막에서 내게 보여 주었던 그림과 메모를 동봉할게. 이 그림은 요셉 야스트로프(Joseph Jastrow, 1863~1944)라는 폴란드 심리학자의 책에서 따왔대. 나는 봐도 잘 모르겠으니까, 네가 이 그림이 던지는 수수께끼를 잘 풀어 봐. 영국에서 늘 네가 그랬던 것처럼 말이야.

1948. 7. 20.
언제나처럼, 반 다인

코넬에 온 유럽인

지효는 반 다인이 보내 준 비트겐슈타인의 메모와 그림을 쳐다보며 이 그림의 의미가 무엇일까 곰곰 생각한다.

내가 이 그림을 아이에게 보여 준다고 가정하자.

그 아이는 '그건 오리인데' 하다가 갑자기 '그건 토끼'라고 말한다.

이것은 무엇을 알아보는 경험이다.

그 경험은 오리에서 토끼로 그리고 반대 방향으로의 변화의 순간에만 온다.

이 오리-토끼 그림이 비트겐슈타인에게 중요한 의미가 있는 이유를 지효가 알게 된 것은 거의 일 년이 지난 후였다. 비트겐슈타인의 철학적 방법의 목표는 특정한 것들이 보이는 '모습'을 바꾸는 것이었다. 이런 내용을 지효는 그의 구술 원고를 보고서야 나중에 확인할 수 있었다.

1949년 들어 비트겐슈타인은 건강 상태가 썩 좋지 않았지만 더블린의 호텔에 머물며 계속 집필에 몰두하고 있다는 소식이 왔다. 지효가 졸업을 앞둔 5월 어느 날 반 다인이 전화를 걸어 왔다.

"헤이, 찌. 어떻게 지내? 와, 정말 보고 싶다."

"그래, 정말. 근데 미국에 올 일은 없겠지? 그럼 언제 다시 만날 수 있을까?"

"어, 내가 7월에 갈게."

"뭐라고? 이민이라도 오겠다는 거야?"

"그게 아니고, 비트겐슈타인 선생이 코넬 대학의 초청으로 거기 방문하시게 되었어. 몸이 많이 쇠약해지셨기 때문에, 내가 선생님을 모시고 가게 됐어. 7월 21일 떠나는 퀸 메리 호에 예약해 놨어."

지효는 10년 만에 비트겐슈타인을 만나게 된다는 기쁨에 어쩔 줄 몰랐다. 지효는 뉴욕 항에 가서 여객선이 도착하기를 초조하게 기다렸다. 지효의 걱정과는 달리 그는 뜻밖에 건강해 보였다. 등에 가방을 지고, 한 손에는 무거운 짐 가방을, 다른 손에는 지팡이를 쥐고 반 다인보다 앞장서서 성큼성큼 통로로 내려왔다. 반 다인처럼 커다란 포옹이나 악수도 없었고, 그냥 지효를 보며 환하게 미소 지었을 뿐이다.

비트겐슈타인은 그가 구술한 《철학적 탐구》의 타자 본을 가져왔다. 그는 놀랄 정도로 많은 세미나와 토론에 참석해서 여러 가지 철학적 주제에 대해 제자인 맬컴 교수를 비롯한 미국 교수들과 토론했다. 지효도 그 모임에 계속 참석했는데, 그 주제 중에는 무어 교수의 외부 세계의 증명과 관련된 것도 있었다.

무어는 우리가 가진 지식을 의심하는 회의주의를 논박하려 했다. 비트겐슈타인은 이 논박의 시도가 실패했다고 생각하는 것 같았다. 무어가 확실하고 상식적인 명제로 생각한 것은 '확실한 지식'의 예가 아니라 '회의가 무의미한 경우'의 예라는 것이다. 어떤 명제는 우리가 그것에 대해서 정말로 진지하게 의심하면, 그런 회의를 제기하고 답할 때 사용한 전체 체계가 무너진다. 우리가 생각하고 비교할 때 기준이 되는 틀에 해당하는 판단들은 그것 자체로는 의미 있게 의심될 수 없다. 지효는 비트겐슈타인의 말을 듣고 이해하려 애썼지만, 그동안 자신의 지성이 감퇴해 버렸음을 느꼈다. 그만큼 비트겐슈타인의 말은 여전히 어려웠다.

지효는 뉴욕 주 이타카의 교외에서 비트겐슈타인과 자주 산책했다.

비트겐슈타인은 그 지방의 낯선 식물을 보면 발을 멈추고 그 이름을 물어보곤 했다. 그는 농담하기도 하고, 셰익스피어 대해 말하기도 했다. 자기는 셰익스피어 시에 많이 나오는 은유와 직유를 싫어한다는 말을 하며 웃기도 했다.

"지효 양, 박사 논문은 무엇을 구체적으로 다뤘나요?"

"지난 세계 대전에서 연합국의 승리에 대해 분석했습니다. 특히 처칠을 조명했습니다."

비트겐슈타인은 비상한 관심을 보이면서도, 전쟁 중 영국 총리를 지낸 처칠에 대해 지효가 숭배에 가까운 감정을 계속 드러내자 돌연 얼굴을 찡그렸다. 지효는 왜 그런지 이유를 짐작할 수 없었다. 그가 영국 문화 전반을 좋아하지 않는 것은 알았지만, 특정한 정치인에 대해 얼굴을 찌푸릴 정도로 싫어할 줄이야. 어쩌면 그가 처칠에 대해 부정적이고, 그래서 야당인 노동당을 지지하는지도 모르겠다고 생각했을 뿐이다.

그는 토론 모임이나 긴 산책 후에 갑자기 탈진한 상태가 되곤 해서 지효와 반 다인은 그의 건강 상태를 크게 염려했다. 그래서 지효는 '오리-토끼 그림'으로 그가 무엇을 말하려 했는지, 또 간간이 그가 유머와 문화에 대해 쓰고 있는 단평들의 의미가 무엇인가를 물어볼 수 없었다. 다만, 비트겐슈타인이 가다듬고 있는 타자 본에서 단평 하나를 발견했을 뿐이다.

'무엇으로 보는 것(seeing-as)'이란 현상: 모습은 변하지만, 보여지는 것은 변하지 않는다는 명백하고 수수께끼 같은 사실. 똑같은 그림이 지금은 오리고, 또 지금은 토끼이다. 마찬가지로 동일한 농담, 시, 그림, 음악이 지금은 이상한 행동, 낯선 단어, 캔버스 얼룩, 어수선한 소음이다가, 또 지금은 우습고, 감동적이고, 아름답거나 멋있게 표현적이다. 이해할 수 없는 것은, 아무것도 변하지 않았으면서 그러면서 모든 것이 변했다는 것이다. L. W.

"반 다인, 비트겐슈타인은 왜 유머에 관심이 있었을까?"

"글쎄. 우리가 유머를 이해하는 것도 시나 음악을 이해하는 것처럼 문화에 속한, 문화 안에서만 살아남을 수 있는 반응이라고 본 것은 아닐까? 2년 전 케임브리지에서 데이비스라는 추리 작가의 유머 감각을 말하면서, 유머는 기분이 아니라 세상을 바라보는 방식이라고 내게 말한 적이 있었거든."

지효는 곰곰이 생각했다. 비트겐슈타인은 '사물을 바라보는 것'에 관해 무슨 이야기를 하고 싶었던 것일까.

"그럼, 이렇게 말할 수도 있지 않을까? 만약 나치 독일에서 유머가 사라졌다면, 그것은 무슨 뜻일까? 나치가 삶의 양식을, 세상을 바라보는 방식을, 또 그것과 연관된 모든 반응, 관습을 파괴하는 데 성공했다는 뜻이라고."

"아, 그렇겠군. 역시 영리한 찌! 네 말을 들으니 나도 좀 알 것 같아."

"흠, 너무 칭찬은 말아. 나는 아직 이해하지 못하는 것이 너무나 많아. 문화에 대한 그의 생각도. 아마도 사물을 바라보는 방식이 우리가 자라 온 방식인 문화에 의해 결정된다고 생각한 듯한데……."

"그래. 전번 코넬 교수들과의 토론에서 비슷한 말을 하신 것 같아. 비트겐슈타인은 훌륭한 전통, 문화가 있는 곳에서 태어났으니 다행이야. 그가 진정으로 사랑하는 문화는 오스트리아의 문학과 예술, 그리고 19세기 음악이었잖아?"

지효는 오랜만에 반 다인과 다시 한팀이 된 것을 느꼈다.

얼마 후 비트겐슈타인이 갑자기 쓰러졌다. 그의 모든 친구와 제자가 크게 걱정하고 병원에 검사를 의뢰했다. 그러나 그는 자신의 건강 상태보다는 검사를 받느라 미국에 남아 있게 될까 봐 걱정했다. 10월에 런던에 돌아갈 표를 끊은 상태였기 때문이다.

"지효 양, 나는 미국에서 죽고 싶지 않아. 나는 유럽인이야. 나는 유럽에서 죽고 싶어. 바보처럼 여기에 오다니."

검사 결과는 괜찮았다. 그가 충분히 회복되어서 10월에 런던에 돌아갈 수 있어 다행이라고 생각했다. 그러나 런던에 도착하자마자 그는 또 앓기 시작했다. 반 다인이 다시 연락해 왔고 지효는 급히 짐을 꾸려 런던으로 비트겐슈타인을 만나러 갔다. 학위과정도 다 마쳤기에 홀가분했고, 오랜만에 반 다인의 집에서 편히 묵기로 했다.

비트겐슈타인은 암에 걸려 있었다. 암에 걸린 것을 알고 나서 비트겐슈타인은 고향인 빈으로 몹시 돌아가고 싶어 했다.

거인의 마지막 순간

비트겐슈타인을 만나기 위해 1936년 영국에 간 때로부터 거의 13년 동안 지효는 줄곧 그의 사상을 이해하려고 애써 왔다. 그러나 그의 말과 생각은 그런 생각을 이미 해 본 사람만 이해할 수 있을 정도로 어려운 것들이었다. 그렇지만 그의 사상을 이해하려고 애쓴 오랜 시간을 지효는 후회하지 않는다.

미국의 철학자이자 시인인 랄프 왈도 에머슨(Ralph Waldo Emerson, 1803~1882)이 한번은 지효가 공부하는 대학에 와서 강연하며 말했다.

"진정으로 말해, 내가 다른 영혼으로부터 받들 수 있는 것은, 가르침이 아니라 도발입니다."

정말 그러했다. 비트겐슈타인은 지효를 지적으로 자극했고, 수수께끼 풀이에 도전하게 했다. 한번은 지효가 혼란에 빠져서, 비트겐슈타인의 연구실로 질문하러 간 적이 있었다. 그때 그는 그 특유의 방식으로 가르치다 말고,《리어왕》의 구절을 인용하며 활짝 웃었다.

"나는 너에게 차이를 가르쳐 주겠다."

비트겐슈타인의 관심사는 똑같이 보이는 것이 실제로는 다르다는 것을 보여 주는 것임을 지효는 이제야 어렴풋이 이해할 것도 같다. 도시를 안내하는 사람으로 비유하자면, 그는 유명한 장소로 직접 끌고 가는 안내원이 아니었다. 가장자리로 또 도심으로 이리저리 종단, 횡단하게 사람을 끌고 다님으로써 결국 시내를 완전히 알게 하는 그런 이상한 안내원과 같았다.

생애 마지막 2년간 비트겐슈타인은 몹시 앓았다. 그가 처음 빈에 돌아갔을 때는 건강이 계속 호전되어서 색채에 대해 연구하기도 했다. 1950년 봄부터는 케임브리지에 있는 제자 폰 리히트의 집에서 머물고 있어서 지효도 그를 가끔 방문하러 갈 수 있었다. 여름부터는 무어 교수의 '상식적 명제들'에 대한 단평을 계속 쓰기 시작했다. 가을이 오자 비트겐슈타인이 노르웨이에 다시 한 번 가 보고 싶어 했기에, 지효는 반 다인과 함께 송네피오르 가에 있는 그의 오두막까지 동행했다. 1937년과 봄과 마찬가지로 길고도 험한 여행길이었다. 비트겐슈타인이 노르웨이에서 다시 한 번 혼자 살면서 연구를 하고 싶어 한다는 것을 두 사람은 알아챌 수 있었다.

1951년 새해 들어 비트겐슈타인의 건강이 악화되기 시작했다. 영국의 병원에 입원해 있는 것을 그가 아주 두려워했기에, 반 다인이 잘 아는 의사인 베번 박사의 집에 머물 수 있도록 주선하고 나섰다. 반 다인은 그의 부인인 베번 여사와 가까운 친척이었다. 비트겐슈타인은 쓸데없는 이야기를 하지 않는 사람이니, 생각 없이 말을 하지 않도록 그녀에게 미리 귀띔해 주었다. 베번 여사는 소탈한 사람이었으나 처음에 비트겐슈타인을 무서워했다. 그래서 베번 여사는 실수하지 않기 위해, 식사 동안 거의 말없이 조용히 있곤 했다. 그러나 베번 여사와 비트겐슈타인은 곧 친한 친구가 되었다.

비트겐슈타인은 매일 규칙적으로 베번 여사와 함께 저녁 6시에 동네 선술집까지 걸어가곤 했다. 거기서 비트겐슈타인은 항상 두 잔의 와인을 시켰다. 한 잔은 베번 여사가 마시고, 다른 한 잔은 거기 있는 난초 화분에 부었다. 그것을 하면서 그는 대단히 재미있어했는데, 그것이 베번 여사가 아는 그의 유일한 부정직한 행동이었다.

2월부터는 호르몬 요법과 X-선 요법을 사용하는 것이 무의미해졌다. 그럼에도 그는 인생의 마지막 2달 동안 《확실성에 관하여(On Certainty)》의 절반 정도에 해당하는 단평을 썼다. 살날이 얼마 남지 않았다는 것을 알면서도 비트겐슈타인은 죽음 이후에 대해 전혀 생각하지 않았다. 그의 관심은 현세의 삶과 글쓰기에 관한 것이었다. 그에게 가장 엄격한 심판관은 종교적 신이 아니라, 윤리적 진지함과 성실성을 심판하는 양심, 즉 '그 자신의 가슴안에 사는 신'이었다.

161

6

삶으로서의 철학

지효가 가끔 찾아갈 때마다 그는 열정적으로 자기의 계획을 말하곤 했다.

"이제 나는 전에 한 번도 해 보지 못한 정도로 연구하려고 하네."

"매일 너무 무리하시는 것 아닙니까?"

"아니야. 어제 쓴 부분을 읽어 줄까? '의심하는 것은 다소 특별한 종류의 실행이다. 이것은 오로지, 의심하지 않는 많은 행동이 획득된 후에야 배울 수 있다. 회의하는 행동과 회의하지 않는 행동. 후자가 있어야만 전자가 있다.'"

《확실성에 관하여》의 마지막 단평은 4월 27일 쓰였다. 이날은 비트겐슈타인이 의식을 잃기 하루 전이다. 그리고 4월 26일은 그의 예순두 번째 생일이었다. 생일 다음 날 밤, 베번 여사와 선술집까지 산책을 갔다 온 후, 그는 심하게 앓았다. 연락을 받고 지효와 반 다인이 달려갔다. 베번 박사가 그의 상태를 살펴보고 조용히 말했다.

"이제 얼마 남지 않았습니다."

"좋아!"

그가 외쳤다. 지효는 28일 밤 그의 침상을 지켰다.

"비트겐슈타인 선생님, 친구분들께서 내일 오신답니다."

의식을 잃기 전, 그는 지효에게 이렇게 말했다.

"그들에게 전해 주게. 나는 멋진 삶을 살았다고."

다음날 친구들이 모였고, 곧 그는 숨을 거뒀다. 그토록 진지했고, 윤리적으로 그렇게 성실했던 사람이 마침내 떠나갔음을 지효는 알았다. 그와 함께 자기 인생의 한 부분도 사라진 것을 지효는 느꼈다.

시작의 끝

오는 3월에 새 학기가 시작되면 나는 중학교 3학년이다. 마음이 뒤숭숭하다. 하지만 2월 마지막 주말을 또다시 춘천 외삼촌 댁에 가서 쉬다 오자는 엄마의 말을 순순히 따르기로 했다. 요즘 엄마와 계속 엇박자였던 것이 마음에 걸려서다.

태릉을 지나서 자동차 전용도로에 접어들자 엄마는 갑자기 속도를 내기 시작했다. 나는 조수석에서 길가의 누렇고 둥근 언덕들을 바라보았다. 초등학교 때 2년간 살았던 캘리포니아의 들판과 정말 비슷하게 생겼다.

"상우야, 상우야! 그만 일어나."

엄마가 깨우는 소리에 일어나니 자동차는 경기도와 강원도를 가르는 경강교 위를 한참 달리고 있었다. 내 옆자리에는 노트가 한 권 놓여 있었다.

"이거 뭐예요?"

"음. 누나가 지난 겨울 방학에 잠깐 귀국했을 때, 나중에 너 전해 주라고 놓고 갔어. 예전에 캘리포니아에 있을 때 찍은 사진도 있고, 그 후 기록한 중요한 메모도 들어 있대. 내가 깜박하고 너한테 주는 것을 잊었어."

노트를 펼쳐보니, 디아블로 산에서 우리가 같이 웃으며 찍은 사진, 구불구불한 떡갈나무 사진도 있었다. 누나의 메모는 아마 그때 이후 혼자 남아 공부하면서, 힘들 때마다 독백처럼 기록한 글들인 것 같았다. 간간이 누나가 그린 그림도 섞여 있었다.

나의 진로 문제와 관련해서 엄마와 오랫동안 의견 충돌이 있는 것을 알고 누나가 뭔가를 말해 주고 싶었던 모양이다. 나보다 다섯 살 위인 누나는 어릴 적부터 그림과 공부에 소질이 있었다. 엄마는 누나를 '보물 1호'로, 나를 '보물 2호'라고 불렀었다. 내가 항의하자 '보물 0호'라고 바꿔 줬는데, 그때 초등학교 저학년이던 누나는 얄밉게도, 지금은 아직 0이란 숫자가 발견이 안 되었을 때라고 항의하는 바람에 엄마가 무척 난감해 했었다. 누나는 이 세상 모든 엄마가 갖고 싶어 하는 진짜 모범생 딸이었다.

외삼촌네 식구들은 새로 지어진 아파트에 살고 있다. 그래서 우리 가족이 방문하면, 예전에 살던 조그만 단독 주택에서 묵게 해 주곤 했다. 말하자면 그 집은 별장과 같은 것이다. 방에 들어가 누워 있는데 누나가 카톡 문자를 보냈다.

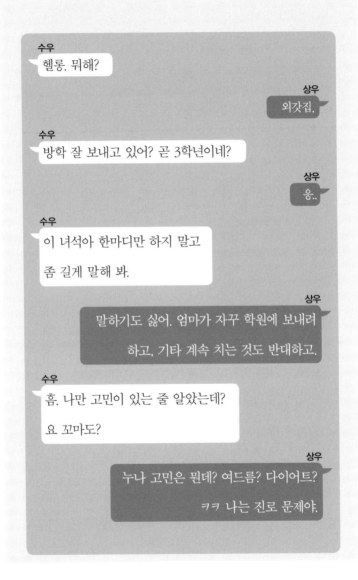

수우
헬롱. 뭐해?

상우
외갓집.

수우
방학 잘 보내고 있어? 곧 3학년이네?

상우
응..

수우
이 녀석아 한마디만 하지 말고
좀 길게 말해 봐.

상우
말하기도 싫어. 엄마가 자꾸 학원에 보내려
하고, 기타 계속 치는 것도 반대하고.

수우
흠. 나만 고민이 있는 줄 알았는데?
요 꼬마도?

상우
누나 고민은 뭔데? 여드름? 다이어트?
ㅋㅋ 나는 진로 문제야.

인마 나도 이제 학부 내에서 전공 선택을 해야 해서 지금 골 아프다. 여기는 지금 새벽인데 잠 못 자는 거 봐라 ㅜㅜㅜ.

상우

누나는 뭐 할 건데?

수우

음. 엄마 아빠는 내가 디자인이나 건축하기를 은근히 바라시잖냐. 그런데 내가 건축 과목을 들어 보니 그게 영 내 생각과 달라. 이번에 철학-영문학-정치학이 연결된 과목을 들었거든. 근데 굉장히 재미있는 거야. 그래서 여기에서 박사 과정까지 공부할까도 생각하고. 아직 몰라.

상우

암튼. 집안 돈 중 내가 쓸 돈은 남겨 두고 쓰셔. 나는 엄마 아빠 힘든 거 아니까, 기타 더 좋은 거 사 준다는 거도 사양했어.

수우

허이고. 알았어. 나도 도서관에서
일주일에 세 번 일하고 있당.
내 용돈 버느라고. 암튼 방학 때
네 선물도 사다 줄게.

상우

알았어.

수우

얀마 무엇을 사다 달라고 말을 해야지.
학교 마크 새겨진 튼튼한 개 끈 사다 줄까?

상우

ㅇㅇ

수우

그런데 너 왜 기분이 안 좋아?

상우

난 계속 기타 전공으로 나가고
싶은데. 엄마 아빠가 내 문제로
다투셨어. 요새 한 달 내내.

수우

잘 생각해 봐.
나도 중학교 때, 미술 안 하고서는
살고 싶지 않다고 생각한 적도 있었어.

그런데?

수우

고등학교, 대학교. 이렇게 가다 보면
우리 생각도 바뀌는 거야.

상우

ㅠㅠㅠ

수우

상우야. 네가 '하고 싶은 것'도 중요하지만,
네가 정말 '잘하는 것'도 중요해.
그래야 다른 사람과 다른 너만의 특징과
강점을 갖게 되지.
물론 네가 무언가를 하면서 기뻐야 해.
행복한 마음으로 즐기면서 공부할 수
있으면 제일 좋고. 이제 어린애가 아니니까
'나는 나 하고 싶은 대로 살 테야!'
식은 안 돼. 부모님은 사회 경험이
많으시니까 너한테 충고해 주는 거야.
부모가 자식 불행을 바라겠냐?

상우

누나는 엄마랑 똑같이 이야기한다?

수우

뭐? 근데 너 엄마 무시하는 거냐?

상우

no

수우

엄마는 부모님이 사회활동 하시느라
집에 안 계셔서 어릴 때 늘 애들끼리만
있는 집이 싫었대. 그래서 엄마는
전업주부가 되기로,
말하자면 가정을 선택한 사람이야.

상우

알아! 누가 뭐래?
근데 엄만 나랑 생각이랑 보는
관점이 달라. 달라도 너무 달라.

수우

사람들은 다 서로 다르게 보고
다르게 생각해.
서로 다른 세계에 사는 건지도 몰라.

상우

엄마랑 나는 말이 안 통해.

수우

어이구. 엄마가 고양이처럼 소리를

수우

내냐? 그래서 알아들을 수가 없냐?

상우

아니. 언어게임이 영 안 된다니깐.

수우

ㅎㅎ 암튼 잘생긴 내 동생, 힘내라!

상우

누나, 그런데 혹시 비트겐슈타인 알아?

수우

그럼. 얼마나 유명한 사람인데.
철학 쪽에선 아마 플라톤이나 칸트랑
같은 체급일걸. 그러나 아직도 많이
신비한 인물?!
근데 넌 어떻게 그 철학자도 알아?

상우

뭐 그냥.

수우

니가 책벌레라 정말 모르는 게 없구나.
하긴 그래서 엄마가 너를 되게
편애했지. 네가 보물 0호 아니냐.
나도 요새 니체 책을 읽고 있거든.
정말 글 멋지더라. 근데 너, 혹시 다른

수우

사람들이 철학을 우습게 여기는 말을 하더라도, 너도 덩달아 그렇게 생각할 필요는 없어.

상우

철학은 쓸모가 없는 거야?

수우

길버트 라일(Gilbert Ryle, 1900~1976)이라는 철학자가 오래전에 이런 말을 했대. "철학이 오스트리아의 빈에서는 피를 빨아먹는 기생충으로 간주되었고, 영국에서는 의학적 효능을 갖춘 거머리로 여겨졌다." 그러니까 전통과 문화에 따라 다 다른 거야.

상우

알았어. 뭐 암튼 철학은 과학과 제일 다른 거 아니야? 철학은, 유리병에 갇힌 파리를 밖으로 빠져나오게 출구를 알려 주는 것이라는 말이 있더라고. 우리가 그렇게 언어의 혼란에

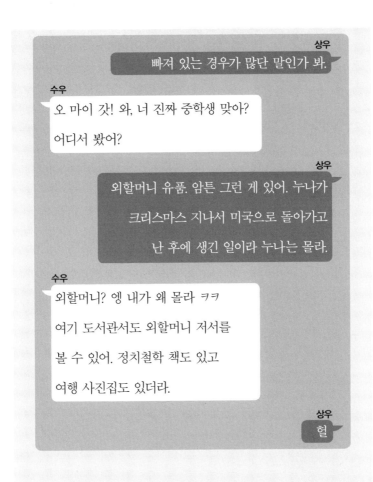

상우
빠져 있는 경우가 많단 말인가 봐.

수우
오 마이 갓! 와, 너 진짜 중학생 맞아?
어디서 봤어?

상우
외할머니 유품. 암튼 그런 게 있어. 누나가
크리스마스 지나서 미국으로 돌아가고
난 후에 생긴 일이라 누나는 몰라.

수우
외할머니? 엥 내가 왜 몰라 ㅋㅋ
여기 도서관서도 외할머니 저서를
볼 수 있어. 정치철학 책도 있고
여행 사진집도 있더라.

상우
헐

그때 엄마가 나를 불렀다. 그래서 나는 황급히 카톡에 "빠이"라고 쳤다. 엄마의 볼에는 눈물 자국이 있고, 눈은 충혈 되어 있다. 아빠와 오랜 시간 전화 통화를 한 모양이다. 엄마와 아빠는 심각한 일이 있으면 전화로 대신한다. 엄마가 떨리는 목소리로 더듬거리며 말했다.

"상우야, 나는…… 네가 원하는 거 막거나…… 그러진 않을 거야. 그런데 뭘 하든, 절대로 게으름 피우거나 불성실하고…… 그러면 안 된다?! 외할머니가 특별한 사람 이야기를 노트에 썼잖아. 너무나 무서우리만큼 성실하고 자신에게마저도 가혹했던 어떤 사람. 나는 너랑 네 누나가 꿈도 마음껏 펼치고 또 어디로든 날아갈 수 있기를 바라."

모든 일이 잘 풀릴 줄 알았다. 곧 봄이 올 것이다. 나도 달라질 것이다. 그토록 진지하고 그토록 자신에게 엄격했던 사람의 이야기를 알기에. 청소년 시절, 그 사람도 지금의 우리처럼 고민이 많았을까? 그는 자기가 되고자 하는 사람이 될 수 있었을까? 하고 싶었던 일은 다 이루었을까? 그런데 그는 자기 자신을 사랑한 사람이었을까?

어쨌든 나도 비트겐슈타인처럼 마지막 순간에는, 멋진 삶을 살았노라고 말하고 싶다. 비트겐슈타인은 천재로서 그의 의무를 다했다. 나, 상우는 평범한 중학생이지만 내 의무를 찾아내서 다 해내고 싶다. 내 가슴안에 있는 신, 나의 양심이 보기에도 흡족하도록.

부록

비트겐슈타인의 철학은 전기, 후기 또는 전기, 중기, 후기로 나뉜다. 학자들은 그의 철학적 변모가 아주 커서 깊은 단절이 있는지, 전기에서 후기에 이르는 어떤 연속성이 있는지에 대해 논쟁을 벌여 왔다.

전기를 대표하는 비트겐슈타인의 저서는《논리-철학 논고》다. 그것은 젊은 비트겐슈타인이 제1차 세계 대전에 참전해 이탈리아군의 포로가 된 후 포로 수용소에서 완성한 원고에 바탕을 두고 있다.

이 책이 출간될 무렵 비트겐슈타인은 자신이 모든 철학적 문제에 답을 했다고 생각해 철학을 떠난다. 1919년에서 약 10년간 초등학교 교사와 정원사 등 여러 가지 일을 하면서 그는 자신의 생각에 오류가 있음을 자각하게 되었다. 1929년에 케임브리지에 돌아온 후, 연구생으로 등록을 하였고, 《논리-철학 논고》를 제출해서 박사 학위를 취득하고 강의를 하게 된다. 이때 형성된 그의 사상은 1933년과 1934년에 구술되어 완성된《청색 책》과《갈색 책》에 들어 있고, 또한《수학의 기초에 관한 고찰(Bemerkungen über die Grundlagen der Mathematik)》,《심리철학적 소견들(Bemerkungen über die Philosophie der Psychologie)》에도 나타나 있다.

이 중간 시기의 사상은 그가 1936년 여름에 노르웨이로 떠나서 다시 한 번 변화를 겪는다. 이때 형성된 후기 철학은《철학적 탐구》에서 정점을 이루는데, 이 책은 1947년에 교수직을 사임하고 아일랜드의 오두막에 은둔한 이후까지 계속된 고된 작업의 결과였다. 사망 직전까지 그가 쓰고 있던 책은《확실성에 관하여》이다.

비트겐슈타인은 현대 철학의 가장 대표적인 두 조류인 현상학(Phenome-nology)과 분석철학(Analytic Philosophy)에서 뒤의 것, 즉 영미 경험론을 계승하고 있는 분석철학의 대표자라 할 수 있다. 분석철학은 다시 두 갈래로 나뉘는데 초기 철학은 빈 학단의 논리경험주의(Logical Empiricism)고 후기 철학은 오스틴, 라일 등에 의해 대표되는 일상언어학파(Ordinary Language School)의 사상이다. 비트겐슈타인은 이 두 가지 철학의 시조에 해당된다고 말할 수 있기에 더욱 놀라운 인물이다.

그의 영향을 받은 오스트리아의 과학자와 철학자들이 그의《논리-철학 논고》를 한 줄 한 줄 읽으며 그의 사상을 해독했다. 이것은 논리경험주의의 검증 원리, 경험주의 의미론이라고 불린다. 비트겐슈타인의《논리-철학 논고》에 들어 있는 '지시론적 의미론', '그림 이론'은 후기의 철학에서 '의미 사용론(Use theory of meaning)'으로 전환된다. 후기 철학에서는 '말놀이', '가족 유사성'과 같은 개념들이 등장한다.

비트겐슈타인의 전기 철학과 후기 철학에 절연이 있는 것은 아니며, 넓게 보아 그의 철학관은 연속성을 보인다고 해석되기도 한다. 전기 사상에 따르면 철학은 언어 비판을 하는 것이고, 사고를 논리적으로 명료하게 하는 것이 철학의 목적이다. 이 철학관은 후기에도 유사하게 나타난다. 우리의 언어 수단에 의해 우리의 지성에 마법을 걸려는 것에 대해 투쟁하는 것이 철학이라는 생각을 후기 저작에서도 찾아볼 수 있기 때문이다. 철학의 목적은 파리에게 파리통에서 빠져나갈 출구를 가리킨다는 말도 하고 있다. 그러므로 전후기 비트겐슈타인은 철학적 문제들이 표현되는 언어에 대해 일관된 관심을 보이고 있다고 말할 수 있겠다.

비트겐슈타인의 후기 사상과 그의 저작에 나타난 여러 가지 논의들은 현대 철학에 무한한 자양분을 제공해 주었다. 콰인, 데이빗슨, 퍼트남, 로티 등과 같은 분석철학의 거봉들은 모두 그의 영향을 받았다. 현대 철학의 주요 분과들인 논리학, 논리철학, 수리철학, 심리철학, 언어철학, 과학철학에 등장하는 주요한 물음과 답 중에 그의 흔적이 나타나지 않는 것은 거의 없다고 말해도 지나친 말이 아닐 것이다. 당대에는 가장 이해받지 못한 수수께끼의 철학자, 지금은 가장 영향력 있는 현대 철학자, 그가 바로 비트겐슈타인이다. 그의 고뇌 어린 철학(함), 그의 기이한 스타일, 풍부한 의미를 가지면서도 놀라우리만큼 새로운 표현들은 전문 철학의 영역을 떠나 일반인들에게도 깊은 인상과 감동을 주고 있다.

● 1889

4월 26일 빈에서 카를과 레오 폴디네의 여덟 번째 아이로 태어남.

● 1903~1906

린츠의 국립실업고등학교에 다님.

● 1906~1908

베를린의 기술전문학교에서 기계 공학을 공부함.

● 1908~1911

영국 맨체스터 대학으로 유학을 떠나 항공 공학을 공부함.

● 1911

러셀에게 배우기 위해 케임브리지 대학에 감.

● 1912

케임브리지 트리니티 칼리지에 정식 입학함.

● 1913~1914

노르웨이에 혼자 살면서 논리학의 문제를 연구함.

● 1914.8~1918

오스트리아 군대에 입대. 처음에는 러시아 전선에서, 나중에는 이탈리아 전선에서 복무함. 1918년 7월 《논리-철학 논고》 완성.

● 1918.11~1919.8

이탈리아군 포로로 전쟁 포로수용소에서 생활함.

● 1919.9~1920

빈에서 교사 수련을 받음.

● 1920~1926

오스트리아의 트라텐바흐, 푸흐베르크, 오테르탈의 초등학교에서 가르침. 5,700 단어가 수록된 아동용 사전 《초등학생을 위한 사전》 편찬.

● 1922

《논리-철학 논고》가 출판됨.

● 1924

빈 학파의 슐리크가 비트겐슈타인과 접촉함. 빈에서 비트겐슈타인의 저서가 집중적으로 논의됨.

● 1926~1928

교사 생활 청산 후, 정원사로 일함. 이후 파울 엥겔만과 함께 빈의 쿤트만가세에 누나 마르가레테 스톤보로의 집을 설계, 건축가로 일함.

● 1927

철학에 대한 성찰을 다시 시작. 모리츠 슐리크와 만남. 여름에는 빈학단 회원들과 함께 월요 토론회를 가짐.

● 1929.1

케임브리지로 귀환.

● 1929.6

《논리−철학 논고》를 제출해, 케임브리지 대학에서 철학 박사 학위 받음.

● 1930

케임브리지 대학에서 강의 시작. 트리니티 칼리지의 특별 연구원으로 선정됨(5년). 1936년 8월까지 강의함.

● 1933~1934

강의하는 대신 학생에게 《청색 책》을 구술.

● 1934~1935

소수의 학생에게 《갈색 책》을 구술.

● 1936.8~1937.12

노르웨이 오두막에서 생활. 《철학적 탐구》의 1부에 해당되는 내용을 집필함.

● 1938

3월 12일 오스트리아와 나치 독일 합방. 독일 시민이 됨.

● 1938.4

영국 시민이 됨. 4월부터 다시 케임브리지 대학에서 강의 시작.

● 1939

2월 11일 케임브리지 대학의 철학과 교수로 선출됨(무어 후임).

● 1941.9~1944.2

런던의 가이 병원에서 짐꾼으로 일하다가, 뉴캐슬 병원에서 의학 연구 프로젝트의 실험실 조수로 근무.

● 1944.2

케임브리지로 돌아왔다가 휴직 후 스완지에 감. 10월부터 케임브리지에서 다시 강의함.

● 1946

10월 25일, 모럴 사이언스 클럽 초청 강연자인 칼 포퍼와 논쟁.

10월 케임브리지 대학 교수직 사임.

아일랜드 체류. 《철학적 탐구》 2부 내용을 집필. 1948년에는 골웨이 카운티에 있는 코네마라 별장에 머묾.

미국 코넬 대학의 맬컴 교수 방문.

《확실성에 대하여》 계속 집필. 4월 29일 주치의인 베번 박사 집에서 사망.

1. 지효와 반 다인은 비트겐슈타인이 은둔했던 오스트리아 마을을 둘러보고 나서,

   그를 추종했던 사람들의 모임에 대해 알게 되었는데, 그들은 누구일까요?

   (2장 〈첫 번째 은신처〉, 4장 〈수수께끼 같은 사람〉 참조)

2. 비트겐슈타인의 『논리─철학 논고』를 이루는 중요내용으로서, 명제가 세계를

   묘사하는 그림이라는 주장은 무엇일까요? (3장 〈세상을 그린 그림〉 참조)

3. 상우는 가족들이 서로 다르면서 서로 비슷한 면이 있듯이, 게임들도 서로 다르면서 끼리끼리 유사점이 있다는 점에서 하나의 가족을 만든다는 것을 깨닫게 됩니다. 언어로 하는 놀이도 여러 기능을 가진 점에서 마찬가지라고 비트겐슈타인은 말하였는데, 이 특징을 가리키는 말은 무엇일까요? (3장 〈다르면서도 닮은 가족〉, 4장 〈슈퍼스타, 컴백하다〉, 〈말놀이를 하는 우리〉 참조)

4. 지효는 "벽돌!"이라는 동일한 표현이 서로 다른 명령의 의미를 가진다는 것을 깨닫습니다. 어떤 언어적 표현의 의미는 그것이 삶의 맥락에서 어떻게 사용되느냐에 따라 결정된다는 이 주장은 무엇인가요? (4장 〈말놀이를 하는 우리〉)

5. 반다인이 지효에게 보내 준 그림으로, 동일한 선과 면이지만 사람에 따라 다르게 보게 되는 사례를 대표하는 그림은? (6장 〈아일랜드 해안의 바닷새〉, 〈코넬에 온 유럽인〉 참조)

6. 다음에 공통으로 들어갈 말은 무엇일까요? (3장 〈말할 수 없는 것은 침묵으로〉 참조)

"○○은 이제 학설이 아니라 '활동'이 되는 거야. ○○은 자연과학에 속하지 않아. ○○의 목적은 사고를 논리적으로 명료하게 하려는 것일 뿐이지. 명료하게 말할 수 있는 것을 명료하게 말하지 않을 때, 또는 말할 수 없는 것을 말하려 할 때, 과거 ○○의 전통에 속한, ○○적 문제가 발생했다는 환각이 스며드는 거야."

* 읽고 풀기의 PDF는 blog.naver.com/totobook9에서 다운로드 받을 수 있습니다.

1. '빈 학단'의 철학자와 과학자들입니다. 그들의 사상은 처음에는 '논리실증주의'라고

   불리었으나 이후 '논리경험주의'로 개명합니다. 하지만 많은 사람들은 그들을

   여전히 논리실증주의자(logical positivists)라고 지칭합니다. 빈 대학교

   철학교수였던 M. 슐리크를 중심으로 1920년대에서 1930년대에 걸쳐 활약한

   빈학단의 멤버로는 O. 노이라트, R. 카르나프, F. 파이글 등이 있고 나중에 나치의

   박해를 피해 미국 대학으로 건너가서 분석철학의 꽃을 피우는 데 이바지합니다.

   이들의 핵심 주장은 검증 원칙에 의한 의미(유의미성) 기준이고, 이에 의거해

   경험적 의미를 갖추지 못한 사변적인 문장들과 도덕적 명제들을 철학에서

   배제하려는 것이 그들의 목표였습니다.

2. 언어 그림 이론

3. 가족유사성. 언어로 하는 놀이 즉 '말놀이(언어게임)'도 가족 구성원들처럼

   유사성이 서로 겹칩니다. '말놀이'는 언어의 문제를 그 언어를 사용하는 집단의

   삶의 양식과 분리해 생각할 수 없다는 뜻에서 비트겐슈타인이 만든 말입니다. 이

   말놀이에는 사태와 사건을 보고하기, 가설을 세우고 시험하기처럼 사실 세계를

   정확하게 이야기하는 일 외에도 남에게 행동을 지시하고 그에 복종하기, 묻고

약속하기, 감사를 표시하고 또 기도하기 등도 포함됩니다.

4. 의미 사용이론

5. 오리-토끼 그림(rabbit-duck figure). 이것은 형태심리학의 그림들로 '게슈탈트 피겨'라 불립니다. 어떤 사람은 이것을 처음엔 오리로 나중에는 토끼로 볼 수 있으나, 동시에 두 가지를 한꺼번에 볼 수는 없습니다. 같은 예로, 계단을 내려갈 때 보이는 면 또는 윗 계단을 올려볼 때 보이는 면, 이렇게 두 가지로 보이는 그림도 있습니다. 또 어떻게 보면 마녀로 어떻게 보면 젊은 여성으로 보이는 그림도 있습니다. 일상인들이 어떤 사태를 목격할 때, 과학자들이 어떤 경험적 현상을 관찰할 때도 유사한 일이 일어납니다. 관찰자가 어떤 선지식, 이론을 믿고 있는가 또 무엇을 보리라 기대하는가에 따라 그들은 각자 다른 것을 보게 됩니다. 물론 동일한 한사람에게 있어서도 변화가 일어날 수 있고, 한 가지 관찰에서 다른 관찰로 전환이 일어날 때 이것을 '형태 전환(게슈탈트 쉬프트)'이라고 부릅니다.

6. 철학